大寨村

山东村落田野研究丛书

张士闪 李松 总主编
付来友 著

山东大学出版社

《山东村落田野研究丛书》
编委会

总序

编纂一套山东村落田野调查方面的丛书，立意甚早。20 多年来，以山东大学为核心的山东民俗学团队，每年都会安排多次村落田野调查活动，许多博士、硕士学位论文也以村落为田野点，注重对田野材料的挖掘与分析，紧贴乡土作实证研究，迄今竟有百村之数。学术论文的阅读群终归有限，将这些辛苦得来的第一手田野资料，以写实的手法呈现出一个个真实的村落世界，向社会提供一份可信的国情资料，一直是我们共同的心愿。

2016 年夏，山东大学民俗学研究所与山东大学出版社共同策划、申报"山东村落田野研究"选题，并于 2017 年春被列入国家出版基金规划资助项目，夙愿终偿。我们从以山东村落为田野点的博士、硕士学位论文中遴选出 20 种，邀约作者遵循"深描村落生活，凸显村民主体，梳理乡土文脉，展现国情底色"的原则，进行改写或重写。为使这一原则不致落空，我们课题组密集举办三次小型研讨活动，达成如下共识：

首先，小中见大，述而见议。这套丛书所选村落虽然都在山东，但学术视野并不自我设限，讲究以小见大，寓学理于讲述之中，助推对于中国社会的深入理解。这需要作者秉持综合、开阔的学术眼光，既关注村落的历史脉络，涵括其驳杂的历史动态，又聚焦当今村民主体话语，反映村落的社会现实和未来走向。

其次，关注传承，着眼动态。在乡土社会发生剧变的当下，我们理应重新观察和思考作为人类最基本的生活共同体的村落，关注其自治传统的传承及组织机制，得出符合其自身历史实际和内在逻辑的阐释。村落描述，不应该成为乡村琐事的拼盘，也不是对于一个个村落凝固幻象的编织，甚至也

不应满足于立此存照式的一幅幅风俗画。我们深信，就在众多村落所呈现的异同之间，蕴含着中国基层社会的真正奥秘。

再次，村民本位，日常视角。坚持村落民俗志描述中的村民本位，摆脱那种将文人的文字传统视为“唯一性知识”的旧习，将村民日常使用更广泛的口述、物象、仪式等知识形式，放在至少是与文字同等的位置。我们深知，白纸黑字所代表的文字表达传统，仅仅是占社会总体人数很少的文人阶层所推重的一种特殊知识形式，而远非人类知识之全部。在乡村社会中尤其如此。将村落的历史、当下与未来贯穿起来的村民，在“过日子”中凝结而成的丰富知识形式，理应在村落民俗志中显现光彩。我们期望这套丛书出版后，不仅供学者研究、都市人阅读，还有村民愿看，甚至成为村落典藏。让乡土知识真正实现“从民众中来，到民众中去”，是我们最大的心愿。

新世纪以来，随着以全球化、都市化为特征的现代生活的迅速普及，乡土民俗的连续性、系统性、整体性已严重受损，曾作为中国社会主体的乡土村落正经历巨变。但无论如何，村落依然是中国传统文化的重要承载地，农民是绝不可轻忽的文化传承主体。当代学者的一项重要使命就是关注村落，将村落中的人、事、文化传统与生活现状等视为一个整体，通过深描村落社会运行的逻辑，阐释村民的生活世界及其赋予生活的意义之所在，并在此基础上对其组织形态、机制及变迁予以描述与推导，这对于理解中国乡村文化传承乃至整个中国社会大有裨益。我们深知：梳理中国村落的历史来路，叩问其从何而来；展示由形形色色民俗事象所构成的村落人文世界，理解现状与内在脉络；观察村落在现代化进程中的遭遇与新创，关注其向何处去——这应该成为村落研究介入当代中国社会发展、彰显乡村文化茁壮活力的基本向度。

一、中国村落研究传统

生于乡土，终老乡土，曾在漫长岁月中被绝大多数国民视若天经地义，这一社会事实本身即足以显示村落的意义。我们相信，“在村落中研究”（格尔兹语）的学术实践，在当今“世界史”“全球史”风起云涌之际，不仅没有过时，而且不可或缺。毕竟，无论是重述“亚洲”，还是重述“世界”，我们仍要以乡土中国为立足点。

传统意义上的村落，自有其历史渊源与发育过程。村落社会的组织与运行，离不开稳定的民俗传统的传承。民俗传统既具有群体规约性质，又能为民众提供身份认同与人生意义，因而蕴含生机，常在常新。村落之为“问题”，乃是19世纪末20世纪初，一批知识分子基于晚清社会之变局“眼光向下”的产物：一方面，受西方入侵影响，新的生产方式与经济结构已日益内嵌于中国基层社会，传统时代城乡互动的社会运行模式被打破，作为中国乡土社会基本单元的村落日渐萎缩，成为当时中国社会整体发展失衡状况的表征之一；另一方面，以“西学东渐”为背景而形成的革命性、现代性强势话语，逐渐渗入乡土社会，持续改写着村落发展的内在逻辑，造成了民间自治传统的失衡或断裂。① 以此为背景，乡土社会成为当时知识精英普遍关注与“拯救”的对象，村落则成为中国现代学术研究的重要单元。

诚然，学术活动不能没有研究单元的设计。20世纪上半叶，以费孝通、林耀华等为代表的中国学者，就注意选择村落或村寨为研究单元，并在其学术生涯中长期坚持，认为村落既是便利研究者做全面了解的较小的社会单位，又是反映人们社会生活的比较完整的切片。② 其中奥秘，恰如英国人类学家布朗所强调的，对于一个村庄进行细致入微的研究的意义在于——既要看到村落社区生活的某一个方面在整体的社会生活中的功能，也要看到这个村落本身的组成结构。③ 钟敬文在1983年中国民俗学会成立的讲话中，将“搞民俗学当然着重在广大农村”当作不言而喻的前提④，后又在不同场合多次表述，获得了国内民俗学界的广泛响应，乃至成为经典范式。20世纪90年代初，刘铁梁从民俗传承生活空间的角度，论述了村落作为基本研究

① 参见张士闪：《“顺水推舟”：当代中国新型城镇化建设不应忘却乡土本位》，载《民俗研究》2014年第1期。

② 参见费孝通：《江村经济——中国农民的生活》，商务印书馆2001年版，第24页。

③ 转引自赵旭东：《权力与公正——乡土社会的纠纷解决与权威多元》，天津古籍出版社2003年版，第10页。

④ 参见钟敬文：《民俗学的历史问题和今后的工作》，载《钟敬文自选集》，首都师范大学出版社2008年版，第409页。

单位的意义，明确了村落研究在民俗学学科中的理论地位。[①] 时至今日，以村落为单元进行研究的学者仍为数众多，跨越民俗学、人类学、社会学、历史学、民族学、艺术学等学科。诚然，在国土广袤的中国，无论从事怎样的课题研究，从相对自成体系而又较小的村落生活共同体入手，自有其合理性，而且有望产生深厚的学术理论意义。更何况，村落研究还被赋予认知历史、立足当下、面向未来的重要使命。村落形态尽管一直处于或微或巨的变化之中，但它所塑造的文化模式与传统，在可预见的未来中国仍具重要价值，乃是不争的事实。

但与此同时，对于以村落为研究单元的批评一直不绝于耳。美国学者施坚雅的批评可谓尖锐："研究中国社会的人类学著作，由于几乎把注意力完全集中于村庄，除了很少的例外，都歪曲了农村社会结构的实际。如果可以说农民是生活在一个自给自足的社会中，那么这个社会不是村庄而是基层市场社区。"[②]在施坚雅的"市场圈"理论之后，又陆续出现了祭祀圈、婚姻圈、联村组织等研究范式，对村落研究模式予以拓展，努力将村落单元置于更大范围的区域社会脉络中予以理解。毕竟，村落社会并非村民的简单集合，村民生活也并非只与村落有关。自古及今，村民与村外世界联系的普遍性是无可置疑的。[③]

围绕村落作为研究单元的种种争论，有相当多的误解在内。比如：对于村落生活共同体的基本理解，是被动、静态，还是动态、开放？争论双方其实是基于不同的预设。村落研究，如果将村落理解为动态、开放的社区，就应该成为从村落出发的研究，以小见大地拓展个案研究的价值，而那种从较大区域展开的研究，如果将村落理解为被动、静态的社区，也不见得就一定贴

① 参见刘铁梁：《村落——民俗传承的生活空间》，载《北京师范大学学报(社会科学版)》1996年第6期。最近，他对此作了更明确的表述："村落被民俗学者视为田野调查的最佳场域，也是最基本的空间单位……民俗学把村落作为一个整体的小社会进行观察和分析。在村落中观察到的民俗文化事象，具有时空的限制意义。"(刘铁梁：《"深描"中国村落文化变迁》，载2017年7月10日《中国社会科学报》)

② [美]施坚雅(G. William Skinner)：《中国农村的市场和社会结构》，史建云、徐秀丽译，中国社会科学出版社1998年版，第40页。

③ 即使在前现代化时期，村落本身也不可能像老子所说的"鸡犬之声相闻，民至老死不相往来"，如多村共用一庙、信仰仪式的村落轮值等。当代学界热衷于以"古村落""传统村落"等为研究对象，频繁使用"原生态""原汁原味""本真性"等概念，其实都是以将封闭自足视作村落的"典型"状态为预设的。

近了“农村社会结构的实际”。其中的关键，是对于乡村社区与村民主体之间互动关系的理解，而不在于所选择的研究单元的大与小。即便是规模不大的村落，毕竟也是民众多种力量共存的、活态的生活共同体。其实，在中国乡土社会研究中，真正让人遗憾的是对于村民主体性的轻忽或漠视，这是在上述研究模式中一直未能得到根本改变的死角。

二、村落研究，应聚焦民众主体

绝大多数的村落研究，往往将民众的文化笼统地归于“民俗”，似乎民众的文化生命是以“民俗传承”来丈量或维系的。厘清民众与民俗的关系，将有助于拨开笼罩在村落研究中的多重迷雾。民俗，究竟是民众自发的文化创造，还是基于“一二人倡之，千百人和之”的精英引领，抑或不过是国家大一统进程中“礼化为俗”的结果？细究之，上述三种观点虽都不免以偏概全，却也都道出了民俗的某一要义。若将三者统观，庶有助于对“民俗”乃至村落的理解。

首先，民俗的本质是民众主体的文化创造，自无可置疑。民俗传统，即民众在长期生活实践中，以约定俗成的方式促使某种价值规范发生从世俗到超验的升华过程。值得注意的是，这一升华过程绝不是一朝一夕所能成就，也并非一成不变，而是在民众生活共同体内部始终蕴含着多变的可能，呈现出活态性质。同时，再有力的国家行政运作，也无法随意篡改民俗传统或改变村落社会的民众主体性质。近年来对于当代村落的近距离观察，使我们更加确信：在当下新型城镇化的浪潮中，民俗传统不仅没有遁隐，而且变得更富弹性与多元。时至今日，某些村落的发展轨迹时显诡异，其“突然终结”与“奇迹再生”之现象让人大感迷惑。究其实，民众力量在社会剧变中的屈抑与释放当是理解这一现象的重要维度。

其次，自古以来，民俗的形成与发展均离不开知识精英的引领作用。我们在田野作业中发现，很多民俗传统一开始是作为事件应激之文化反应而出现的，如村落形成之初的生存所需、灾乱年头的秩序维持、太平时期的发展机遇捕捉等。这种因应激而形成的文化反应，不会随着事件的完结而迅即消失，而是沉淀、扩散到地方生活中，形成社会经验，此后又会在后发的事

件应激中被运用，最终磨合成一种社会行为模式。在应激事件、应激性文化反应与社会行为模式的互动过程中，离不开少数文化精英的有意识运作，并最终使之沉淀为乡土民俗。恰如“民俗”之作为现代学术概念，也是伴随着现代城市化的发展进程而为知识精英所发明并设置意义的。正像铃木正崇所说：“直到近代，‘民俗’与‘传统’在消灭和生成的间隙中得以发现。”[①]不过，少数知识精英的引领作用，从来是与其“适于时而合于势”的行为选择密切相关的。兹以地方志书中的灾荒记录为例予以简单说明。地方志书中总是凸显地方精英的非凡作用，比如为减税急赈而为民请命、订约立碑以控制社会秩序等，而将一方民众作为背景因素，至多以“民不聊生”“饥民四起”等语大略言之。这显然并非社会事实。实际上，精英的行为往往是受地方社会情势所激，其对于当时国家政治态势的估测，与对于地方民众心理的揣度，为其行为选择提供了关键性依据。但作为地方社会情势重要构成因素的民众，却在地方志书中被大大忽视了。

再次，中国很早以来就已形成所谓的“礼俗社会”，传统中国作为一个复杂社会系统，在民间生活与国家政治之间有着复杂而深厚的同生共存关系。纵观一部中华文明传承发展史，国家意识形态经常借助对民俗活动的渗透而在乡村生活中贯彻落实，形成“礼”向“俗”落实、“俗”又涵养“礼”的礼俗互动的政治框架。礼俗互动，既包括民众向国家寻求文化认同并阐释自身生活，也体现为国家向民众提供认同符号与归属路径。换言之，借助民俗文化的生机跃动，民间社会始终发挥着对于主流文化的葆育能力。以此为基础，在中国社会悠久历史进程中的“礼俗互动”，就起到了维系“国家大一统”与地方社会发展之间平衡的作用。[②] 国家政治与民间自治之间的互动关系，不仅形塑着社会组织的基本形式，也由此产生了社会生活层面的文化交织现象：“国家对村落的政治干预与民间自治之间有长期互动的历史，结果是形成了今天(家族村落)聚落联合体的基本组织形式。”[③]以此理解中国大地上的众多村落，庶有较通观的眼光。

---

① [日]铃木正崇：《日本民俗学的现状与课题》，赵晖译，载王晓葵、何彬编：《现代日本民俗学的理论与方法》，学苑出版社2010年版，第3页。

② 参见张士闪：《礼俗互动与中国社会研究》，载《民俗研究》2016年第6期。

③ 刘铁梁：《传统乡村社会中家庭的权益与地位——黄浦江沿岸村落民俗的调查》，载《北京师范大学学报(社会科学版)》2001年第6期。

三、村民口述的意义

走进村落，不仅要关注“民生”，而且要体察“民心”，感受民众生活史与心态史的双重意义。面对民众的生活与文化，传统的学术工具似乎不那么灵光了。

比如，我们在村落调查中，经常有各种各样的困惑。为什么历史上的某一事件，会频繁地被村民表述，还被表述者加上了许多的发明和创造？不仅如此，看起来离“真相”越来越远的表述，反倒经常成为后人的话题中心，并在现世生活的裹挟下发生效用，而事件本身（即所谓“真相”）倒不见得重要了。还有，为什么是历史上的这一事件而不是另一事件，频繁地被这一地方而不是另一地方的人不断关注，并“折腾”出了这样的而不是别样的传统？有果必有因，有事必有人，民间自有其文化选择与传承的机制——没有关注，就不会有表述；没有关注和表述，就不会有传统的发明和创造。

显然，前者关注的是一种文化传承的线性历史，后者则关注其内在结构逻辑，耶鲁大学教授萧凤霞试图以“结构过程”[①]涵括二者。要想真正地解惑答疑，就必须在具体的区域社会空间中将二者结合起来，关注某一传统从过去到现在的建构过程与多元指向，并特别聚焦其主体表述。这一研究模式的策略是，一种传统在不同时代留下的表述有或微或巨之别，而就在种种表述的同异之中，蕴含着区域社会发展的历史脉络与内在逻辑。因此，我们的工作首先是挖掘各种表述，然后在各种表述之间寻找关联，总结民间叙事的特征，并在此基础上还原“社会事实”，建构逻辑关系。鉴于历史上官方、知识精英与民众的互动情形驳杂不一，我们今天所见的“传统”基本上都已经历过无数次改写，只是我们难以知情罢了，因此必须保持足够的警觉。这也意味着，我们在关注传统的线性历史脉络的同时，要特别关注地方社会中人的创造能力及创造逻辑。

用这样的眼光看，民间口述材料中所谓的“随意性”，不但不应是拒绝采信的理由，反倒要视为民间叙事乃至地方生活的应有特征，为我们解读历史

① 萧凤霞：《廿载华南研究之旅》，载《清华社会学评论》2001年第1期。

提供了一种相对稳实可靠的地方逻辑。一个人(当然也包括多人)对于同一事件的不同表述,既可以是基于生活状态与交流情境不同而形成的差异,也可能是他对事件表述的不同侧面的选择,还可能是他自身"觉昨非而今是"而有所改变的结果。叙事者,既是能动的个体,又会受到国家历史进程与地方社会发展格局的影响。更重要的是,国家历史进程与地方社会发展并不是作为人类个体活动的静态背景而存在的,而是通过无数个体的能动性活动才得以实现的。个体与群体的叙事及其他行为,对于地方社会发展与国家历史进程的推动作用,至今尚难以准确估测,但在它们之间存在着至为复杂的关联与互动关系,则毫无疑问。因此,民间叙事基于村落生活而呈现出的所谓"随意性",不但不是田野研究的绊脚石,反倒蕴含着学术进步的契机,因为这是理解村民的历史观、价值观的必由之径。

村落中的民间叙事,还会努力保持与地方志、族谱、文人著述等文字传统的一致性。比如,它们都倾向于将本地区的历史与文明传统演绎得悠久古老,竭力与上古圣贤、神灵怪异建立关联,以贴近"人杰地灵"的叙事逻辑。显然,地方社会一直在不断地重新定义和建构自身传统的神圣与伟大,只不过官方和文人的叙事多以县境为单元,村民则多以村境为指向,官民之间经常发生的"文化合谋"即在此背景下展开。这与现代婚礼上对于恋人"缘分"的演绎,电视选秀者对其生平际遇的"赋值"等现象,如出一辙。其中的关键是如何建构叙事的合理性,以感染受众,并挟以自重。由此可知,执着于对民间叙事证实或辨伪的学者,既难以理解历史,也不能洞悉民众智慧。

村落研究,是不能不将历史学与民俗学、人类学的研究方法加以综合运用的。就村落史研究的学科传统而言,历史学追求历史真相,其研究注重证实或辨伪,而民俗学、人类学则关注民众如何记忆历史,以及为什么这样记忆历史。村民的历史记忆可以是虚构的、附会的、可改变的,因为它指向的是意义。比如,在山东各地的移民传说中,潍水以西大都说是来自山西洪洞大槐树(有的强调是由河北枣强中转而来),潍水以东的胶东半岛则普遍流传着"小云南移民"的说法。虽然众口一词言之凿凿,但在历史上不可能村村如此。然而,人们还是将传说演绎为一种显赫话语,争相讲述、争论与传播。在争来说去之间,这一传说就被广阔地域的人们演绎为一种有意义的历史记忆,衍生出文化认同、精神安顿等现实意义。克拉克认为:"人类学者一向比社会学者和历史学者对于历史意义的重要性更为敏感。和'什么事实际上发生过'同样重要的，是'人们以为发生过什么样的事'，以及他们视它有多么重要的。"[①]真正的村落研究，不仅是在为包括历史学在内的多种学科提供民众口述资料，其实还有更为重大的使命，就是挖掘和呈现民众生活实践中的文化创造及其价值建构。遗憾的是，后者至今仍为包括民俗学者在内的众多学人所轻忽。

四、以学者与村民合作的民俗志书写方式，推进当代村落研究

近年来学界劲吹"田野风"，进入村落成为时尚。特别是有老建筑遗存的古村，学人更是纷至沓来。热衷于进村者，并非都出于对村落价值的珍视与对村落发展的关怀，但对村落的影响却是强大而持续的。在这一切的背后，是国家战略聚焦乡村，社会资本涌入乡村，乡村成为当代社会的"宝地"。

历史告诉我们，乡村社会的良好发展是国家长治久安的基础。不过，在此时此刻，如下追问也许并非多余：我们真正了解我们匆遽进入的乡村吗？我们所理解的、要保护的乡村文化生态是自然真实且可持续的吗？我们的意愿也是生于斯长于斯的众多父老乡亲的愿望吗？这方水土会因我们的进入而更加美好吗？须知，在"现代化发展"这一庞然大物面前，乡村自然与人文生态系统是何等脆弱，而乡村所积淀的传统智慧对于人类未来发展则弥足珍贵，任何人、任何力量都无权损之毁之。广阔的农村天地首先需要被准确认知，然后才有可能"大有作为"。面对村落，如何才能更好地认知、更深入地理解与更准确地描述呢？

就本套丛书的众多作者而论，虽然早先在博士、硕士学位论文的写作过程中，已对村落有相当了解，但受到学位论文写作时间的限制与研究能力的制约，其村落民俗志描述少有村民的内部视角。我们期望在这套丛书的写作中，通过学者与村民的深度合作，尽量多地呈现二者的不同视角，尽

① [美]克拉克(Samuel Clark)：《历史人类学、历史社会学与近代欧洲的形成》，贾士蘅译，载[加]玛丽莲·西佛曼、P. H. 格里福编：《走进历史田野——历史人类学的爱尔兰史个案研究》，(台北)麦田出版股份有限公司 1999 年版，第 386 页。

量多地留存鲜活的乡土气息。

1. 对于村民的内部知识,不妄加评论,而采用现象描述的方式,呈现真实的民众心态。

初入田野者,最常见的毛病便是盲从自己的知识"先见",乍见村落种种现象,就匆匆忙忙做类型区分和价值判断。比如,对于村民信仰活动,或要评判是否迷信,或要区分是道教还是佛教。这样的知识"先见",其实是基于对中国社会的肤浅理解。看似荒诞不经的言行,往往背后蕴含着民众的真实心态,是解读村落心史的难得资料。本套丛书中《胡集村》一书的作者王加华,曾携初稿进村交流。村民以当地说书前惯用的几段开场白①为证据,坚持认为本村起源于春秋时期,已有2000多年历史。这一说法无疑是非历史的,却正反映了村民希望将本村历史拉长与神圣化的真实心态。作者最终定稿时,对此就没有予以简单地抹杀或揶揄,而是在列举地方志书中的"明初立村说"之后,呈现村民的"春秋立村说"及其依据,同时保留村民的其他说法,这无疑是确当的。

当然,在学者与村民的交流中,也会有村民揣摩学者意图而对村落内部知识加以改装,往学者这边贴靠。这既与现实生活中学者话语的强势地位有关,也表现出村民对外来话语(包括学者)的利用心态,后者尤其值得注意。一些有见识的村民,一旦察觉到学者话语有助于所在村落的"增值",往往就会抛弃己见,欣然赞同学者的说法,甚至热心地帮助寻找证据。虽然这也是村落知识增长的一种方式,但目前却还处于不稳定状态,需要将之与村落中比较稳定的知识范畴相比照,否则,我们对村落的理解就不免浮光掠影。

2. 丛书最后特设专章"村里的人　村里的事",附录"重要民俗资料提供者简介"与村民所用文献,以凸显村民的主体叙事视角。

"村里的人　村里的事"专章的设计,意在以词条单列的方式,突破传统村落民俗志书写的静态幻象,在以事带人的生动描述中展现村落中的特

① 胡集书会汇聚南北说书人,常用的开场白有:"道德三皇五帝,功名夏后商周,五霸七雄闹春秋,顷刻兴亡过手。""孔夫子周游列国,子路沿门教化。柳敬亭舌战群贼,苏季子说合天下。周姬佗传流后世,古今学演教化。""扇子一把抡枪刺棒,周庄王指点于侠。三臣五亮共一家,万朵桃花一树生下。何必左携右搭。"

色文化。要想做到这一点并不容易。如张士闪和张帅在完成《洼子村》一书初稿后，曾专门回村细读给7位老人听，在热烈的讨论交流中，重新审视或矫正书中的原有观点。有村民尖锐地提出，原书稿过于突出巫婆神汉、善人及其信仰活动①，应该为本村烈士、支前英雄"树碑立传"，突出"教师村"的形象，并提供了相关资料。我们据此进行调整，新增"教师村""红色记忆"两个词条，与原有的"公事总理""礼仪人家""善人"等并置相映，就明显合理多了。这一修改书稿的过程，其实是学者与村民的两种叙事风格的并置与互动的过程，由此形成的村落民俗志自然会较前丰厚许多。

重要的民俗资料提供者，通常属于村民心目中"会看事""会办事""会说话"的人，经常代表村民向外人表述"村落文化"，其话语当然也会经过其自身的选择、加工而具有个人色彩。我们需要进一步观察，大多数村民会认同他作为村落文化代言人的角色吗？不善于对外人表述的大多数村民，如何评价他的话语？学者的到访，是促成了村民对其话语的接受还是相反？这些都需要格外留心。书后所附"重要民俗资料提供者简介"，意在呈现其个人基本信息，供读者进一步了解与思考。

书后所附的村民文献，与学者所撰写的正文文本形成有趣对比。学者与村民之间，注意点不同，知识储备、思想局限有别，而对村民村事的价值预设也差异明显。比如，围绕同一个村落的民俗志表达，学者所感兴趣的是如何呈现其所理解的"村落"，往往是看了地方志、地图、家谱、碑记等以后，再去跟村民交流，有时候还会事先阅读相关论著。当今学者还会特别看重祠堂、庙宇、信仰仪式、巫婆神汉等，认为这代表了地方文化生态的完整性。对于村民而言，村落则是他们身在其中、终身归属的"家园"。曾记得在2002年，洼子村的几位村落精英接受村委会布置的一项任务，要向外来民俗专家介绍村落文化，他们将之分解成"村志""民俗概况""文化教育概览"三部分，分别撰文描述。显然，他们将"村落文化"理解为历史、民俗与"高层"文化（并视为本村的特色文化）等三大层面，这一分类颇有见地，对于我们今天理解村落及民众心态仍具启发性。

长久以来，中国乡村社会经过反复的礼俗教化，形成了基于农耕经济

---

① 张笃杰："看了这书，外人还以为洼子村就知道整天烧香拜佛呢！"张笃杰，山东省淄博市淄川区罗村镇洼子村人，长期担任中小学教师、校长，现退休在家。

的社区共享传统，它以乡村公共利益的高度共享来实现乡土社会秩序的长期稳定，以社区节庆、生活礼仪、生产互助、乡规民约、信仰仪式等民俗传统为传承载体，构建起中华文明绵延不断的社会基础，也是支撑当代中国乡村可持续发展的重要文化资源。当代学者应服务当下中国社会发展的现实需求，扎根村落，深入传统，以此为基础提炼研究方法与理论，建构田野研究的中国话语。我们这套丛书愿意在这一学术方向上进行尝试，抛砖引玉。

最后还要说明的是，这套丛书写作时间正值暑期，尽管各位作者都有博士、硕士学位论文的研究基础，但因丛书定位所强调的视角转换，需要大量的补充调查，有的干脆是返工重做。今夏大热，感谢各位作者不避酷暑，按时完成撰写任务。因时间匆遽，本套丛书不尽如人意之处，敬请读者诸君批评指正。

张士闪

2017 年 8 月 31 日

山东省地图
德州市
滨州市
东营市
烟台市
威海市
济南市
淄博市
潍坊市
聊城市
泰安市
莱芜市
青岛市
济宁市
菏泽市
日照市
临沂市
枣庄市
渤
海
黄
海
图 例
省行政中心
设区市行政中心
省 界
未定省界
设区市界
比例尺 1:4 000 000
审图号：鲁SG(2017)098号
山东省国土资源厅 山东省测绘地理信息局监制 山东省地图院编制

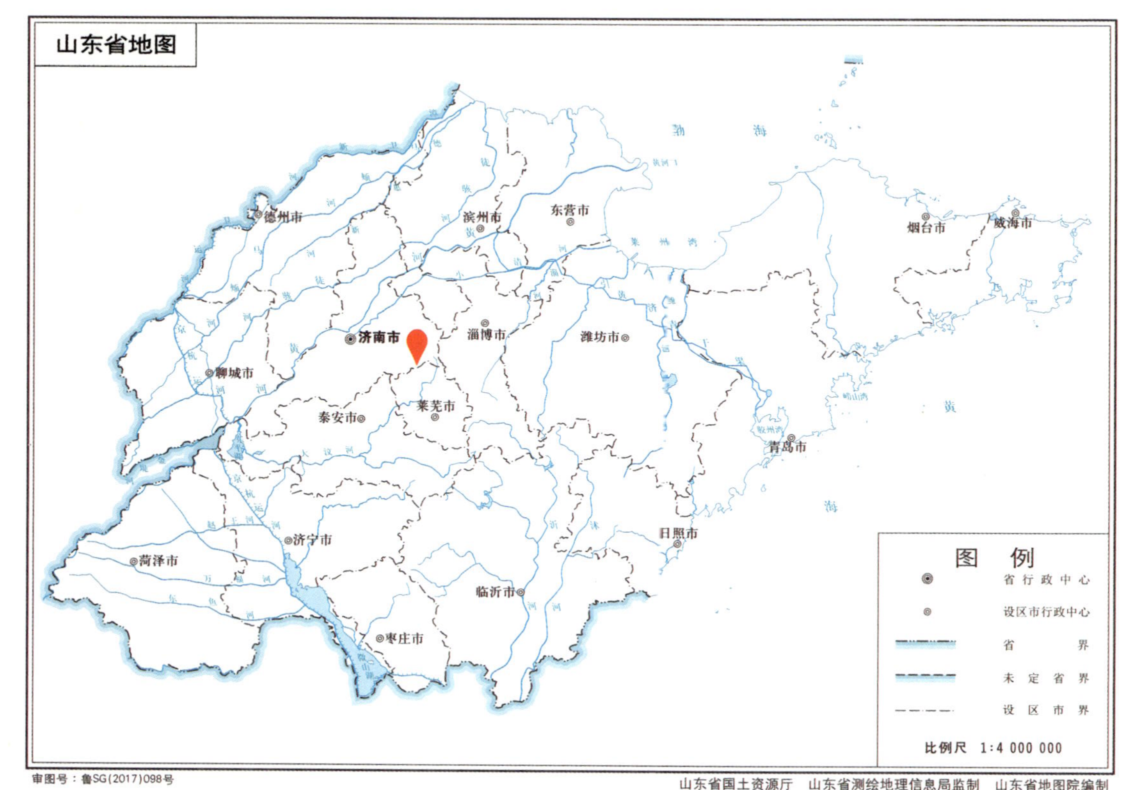

大寨村地理位置示意图

目录

第一章
走进大寨

大寨村是山东省济南市章丘区的一个古村落。寨,旧时常用来指军事据点。在大寨村北3公里处有小寨遗址,而村域内的大寨山、烟墩、摇铳山、烟火台、火燃台等也表明了其在历史上作为军事要塞的地位。《大寨村志》[①]的执行主编张福成先生认为,"大寨"最初应该是春秋时期设置在齐、鲁两国边界上的一个兵防站,随着秦朝统一六国,"大寨"作为兵防站的作用消失,驻兵也由兵转民,成为大寨村最早的居民。

一、齐鲁边界

大寨村之所以能够成为军事要塞,则在于其独特的地理位置。该村位于山东丘陵和华北平原的交界地带。山东丘陵面向华北平原形成了一个喇叭状的开口,大寨村就位于喇叭嘴处。村子的东、西两侧全部是高山,海拔大都在400～700米,村子位于两侧高山中间一个坡度相对平缓的谷底处。站在大寨村东的保安山向北望去,可以看到村两侧的群山所形成的开口渐渐变宽并矮了下去,最终融入宽阔的华北平原;而向南望去,看到的则是层峦起伏、绵延不断的群山。这个喇叭形开口所在的关口被称作"锦阳关"。

① 参见孙继昌主编:《大寨村志》,中国国际文化出版社2011年版。

从华北平原南下要经过山东的丘陵地带，其主要有三个关口，分别是东部的穆陵关、中部的锦阳关和西部的防门，大寨村就位于中部的锦阳关附近。穆陵关、锦阳关和防门都是齐长城上的关口，而齐长城则是春秋时期齐国和鲁国的边界。

齐长城及锦阳关东门(陈正茂　摄)

大寨村独特的地理位置和地势条件给其带来的影响可以分为三个方面：第一，作为军事要塞，大寨村在历史上经历了多次战乱。每逢战事，部队南来北往都要经过大寨村。这必然会影响普通百姓的生活。现在大寨村的很多老人都还记得1947年2月解放军与国民党军队在大寨村的激战，由于当时正好是农历二月初二，所以村民将这场战斗称为“二月二打大寨子”。

第二，由于地处山区，这里的耕作条件十分恶劣。村域内东、西两侧全部是高山，所以村内的耕地以小块的梯田为主，而且这些梯田也无法灌溉。直到现在，周围村庄的人一提到大寨村，第一印象依然是穷。在以农业为主要生计来源的时代，自然条件对一个村庄的富裕程度有着至关重要的影响。以上两方面的影响都是负面的。

第三个方面的影响是正面的。在战争时期，经过大寨村的是军队，而在和平时期，经过大寨村的则是南来北往的人流和物流。中国著名钱币专家朱活先生曾指出：从山东出土的齐币的分布来看，其分布范围是以锦阳关和穆陵关为“把柄”呈扇形分布。可见在春秋时期，锦阳关就是南北商旅往来的必经之地。往来的商旅给大寨村带来了商机。在明清时期，村内店铺林

立，大寨村内有“七十二店”（详见“附录一”）的说法，可见当时村内商业活动的繁荣。如今，大寨村村民利用村子独特的地理优势从事粮食和沙子的贩运生意，使大寨村成了附近小有名气的富裕村。农业和商业活动与本书的研究密切相关，下面分别对这两方面加以介绍。

从农业方面来看，大寨村的优势不明显，但这在商业上得到了补偿。从山东境内南下有三条道路可选，而大寨村就位于中间的交通要道上。章丘北部几个县的人流、物流要南下，都要汇合到山东丘陵张开的喇叭口中，且必然要经过处于喇叭嘴附近的大寨村。所以道路，对这个处于交通要道上的村庄具有独特的意义。在大寨村村南曾立有一块修路捐资的巨大石碑，这块碑大抵立于清朝时期，可惜在“文化大革命”期间被毁。据村内老人回忆，这块碑高 3 米，宽 8 米，碑文上联是“化险为夷，周道如砥”，下联是“谋始作事，至诚格天”，横批为“有志竟成”，中间是本村及周围县捐款者的名字。捐款者的地区分布涵盖了周围 20 余县，足见在历史上经过大寨村的道路辐射范围是非常广的。

这种独特的地理位置使得大寨村在历史上成了商贾云集之地。村内有“七十二店铺”的传说。“七十二”不是一个具体的数字，只是形容大寨村村内店铺林立、商业发达的状况。在古代，这些店铺主要分布在村域内的南街、北街两侧。

1933 年，主政山东的韩复榘主持修建了章莱公路，以通汽车之用。村域内的南街、北街成了章莱公路的组成部分，沿街的商业因此更加繁荣起来。

1958 年，章丘县委、县政府迁往明水；1965 年，明莱公路建成，逐渐取代了章莱公路的地位。1989 年，省道 242 线建成之后，又逐渐代替了明莱公路的位置。1997 年，大寨村集市由南街迁到了村内明莱公路的旧址上，成了现在的集市街。每逢农历一、六，大寨村和周边村庄的村民就会到此来赶集，这成了村民日常消费的重要渠道。

村东面的京沪高速公路在 2005 年动工，2007 年通车。由于高速公路是封闭的，所以其对大寨村的经济发展不能产生立竿见影的效果。站在村内南街上向东望，可以看到汽车从高速路上呼啸而过。南街作为古道，与现代化的高速公路相映成趣，不由得让人慨叹大寨村的历史与道路之间剪不断的联系。

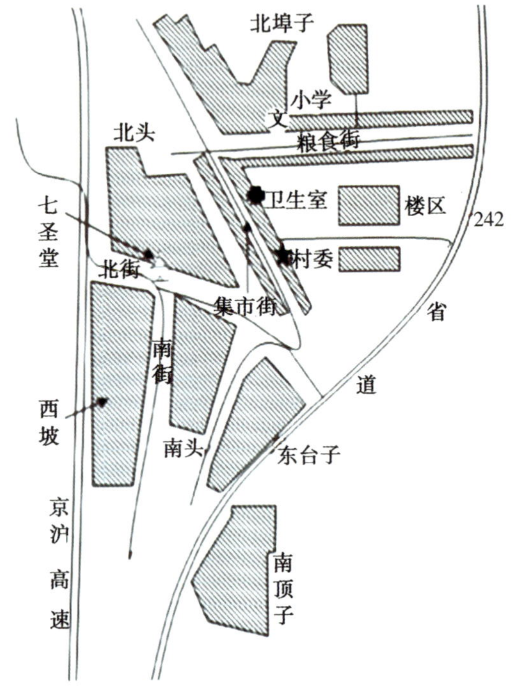

大寨村村域简图

由于现代化的道路设施和交通工具的兴起，人们的出行速度大大提高，大寨村作为商贩中途休息的歇脚点的作用逐渐消失。对高速路上往来的车辆来说，大寨村仅仅是车窗外的一个普通村庄。然而这并没有妨碍村民们利用得天独厚的条件从事商贸活动。改革开放以来，大寨村村民逐渐发展起了粮食运输和沙子运输生意，成为村民重要的收入来源。改革开放初期，粮食统购统销制度取消之后，大寨村村民就开始做起了粮食运输的买卖。由于南部的莱芜市种植经济作物较多，养殖业比较发达，但粮食作物偏少，所以就需要大量的粮食；而章丘的北部地区处于黄河沿岸，地势平坦，灌溉便利，粮食产量较高。大寨村村民于是从章丘北部地区收购粮食，然后销往南部的莱芜地区。2001 年，村委组织修建了一条连接 242 省道和集市街的街道，将其作为粮食集散地，这样村民将从章丘北部地区收购来的粮食在此卖给二级收购商，然后再由二级收购商将粮食运往莱芜地区。

村内宽阔的粮食街

2004年前后，大寨村村民又做起了沙子运输的生意。由于济南地区房地产业发展迅速，当地不产沙子，而莱芜地区沙源丰富，大寨村村民便看准商机，从莱芜运沙子销往济南。之前村内楼区的位置有很多沙场，从莱芜运来的沙子都在此中转，然后再销往济南地区。后来这些沙场被取缔，大寨村村民就直接从莱芜沙源地购买沙子销往济南地区，不再在村内转手。目前，村内大大小小的卡车有百余辆，很多村民就是靠贩运沙子发家致富的。

为了给贩运粮食和沙子的车辆提供服务，村内开设了加油站、车辆保险代理点、轮胎店、修车店等。中国邮政储蓄银行和农村商业银行在村内设有网点，给村民做生意提供相关服务。除了这些生产性的消费，村民的日常生活消费则给村内的商店、饭店、馒头店、肴菜店、药店等带来了生意。这些店铺主要沿粮食街和集市街分布。两条街沿街都是二层小楼，一层大多是各种店铺。

二、自然与农业

(一)地形与耕地

正如上文所说，大寨村位于山东丘陵北部面向华北平原喇叭形开口的

喇叭嘴上，村域东、西两侧被群山包围，村子则位于群山中间一片相对平坦的地域中。村域内海拔最高点为 399 米，海拔最低点为 262 米，落差为 137 米。村域周围则是林立的山峰，分别是大寨山(海拔 546 米)、朱家寨(海拔 705 米)、围子(海拔 399 米)、烟墩(海拔 356 米)、摇铳山(海拔 454 米)、烟火台(海拔 438 米)、孤山子(海拔 452 米)、火燃台(海拔 639 米)。从远处眺望，相较于周围的群山，村内十分平坦，但是 42 米的落差还是形成了一些坡坎，给村民的生产和生活带来不便。

村域内的崖

村域周围除了山峰之外，还有岭、崖、沟、峪地形分布。岭是呈长条状的山脊，村域周围比较大的岭有磨池岭、马脖子岭、长尾巴岭、毛子岭、供铳岭、棋盘岭、北埠子、驼腰岭、火石岭、南顶子、东台子等。比较大的崖有梯子崖、大石湾崖、虎头崖、响石崖等。比较大的沟峪有酸枣峪、哈喇沟、六国峪、耙齿峪、八仙沟、北湫子、南湫子、窑子沟等。

山、岭、崖、沟、峪等地形的错落分布，形成了村域周围崎岖不平的地势，给农业耕作带来了一定的不便。大寨村村域面积共 9000 亩，其中耕地和林地占 2300 亩，道路、河流和村庄占 1000 亩，而其余大部分都是无法耕作的荒山和荒滩。村内的耕地共计 14014 块,每个地块的平均面积不足 0.7 亩。村内的耕地大致可分为台地和梯田两种:台地较为平坦开阔,土层厚。村内较好的一片台地是“南北地”,位于村子的东部和东北部;“南北地”也是村域内最平坦、最开阔的地方。其他的台地主要分布在村内河流两岸,又称为“临河台田”。梯田又分为洼子地和栊子地两种。洼子地主要分布在山沟内,地块比栊子地要大。栊子地主要分布在山沟两旁和山坡上、石砾上。与洼子地相比,栊子地透水能力强,而且地块较小。

村域内的梯田

大寨村的梯田是千百年来大寨村村民集体劳动的结晶。据调查,全村山地地堰共 12267 条,共长 153640 米。大量的梯田堰边需要定期维护。每年春天,村民必须要做的两项工作就是垒堰豁子和“背堰边”[①]。尤其是遇到雨水比较充沛的年份,梯田的堰边很有可能被冲毁,这时村民就得用垒石将豁口补起来。春天,村民常用筐子将从栊子地上冲下来的淤泥背到堰边,建成一条垄,这样既可以保持水土,又可以防止山堰被冲毁。

(二)气候、水文与灌溉

从气候上来看,大寨村属于温带大陆性季风气候。据《章丘县志》统计,

① 方言称谓,背土填充堰边的意思。

这一地区历年的平均气温为13.2℃，最热月份是7月，平均气温为26.9℃，最冷月份为1月，平均气温为－2.6℃。霜期大致从每年的10月底到来年的4月初。降水方面，根据离大寨村最近的观测点（直线距离12公里左右）的历年观测数据，该地区多年的平均降水量为748毫米，其中春季降水占全年降水量的13%，夏季占65%，秋季占18%，冬季占4%。①

温带大陆性季风气候降水量的不稳定使得村内经常出现旱涝灾害。根据《大寨村志》的统计，自宋朝建隆元年（960年）至今，与村域有关的较大旱灾共有87次，仅1949年一年就有13次。村域内的南井水量充足，在干旱的年份周围村庄的村民都到南井来取水，但是在旱灾比较严重的年份，南井也会干涸。1927～1928年，国民革命军北伐时原计划驻扎在大寨村，但因为南井缺水而移军埠村。这是南井第一次干涸。1937～1938年连续两年大旱，使南井第二次干涸。1965～1966年，大寨管区内的7个村庄全部饮用南井的水，导致南井第三次干涸。

除了旱灾，大寨村也饱受涝灾之苦。自宋朝开宝二年（969年）至清朝宣统三年（1911年）的942年中，有资料可查的与村域有关的洪涝灾害有41次。据1912年重修的长泰桥碑记载，明朝万历二十五年（1597年）大水冲毁长泰桥，清朝乾隆三十二年（1767年）大水冲毁长泰桥，清朝道光十二年（1832年）大水冲毁长泰桥，清宣统元年（1909年）农历六月六日大水冲毁长泰桥并冲走1名毕姓村民。而在近代，大寨村最严重的一次洪水当属1935年农历七月初一的洪水。洪水过后，沿河民居荡然无存。此次洪水冲毁房屋100余间，死亡22人。洪水同时将下游的黑峪村村口住房全部冲毁，三德范、长水庄、东窑头、西窑头、月宫村皆受到此次洪灾之害。

中华人民共和国成立之后，大寨村共发生过两次比较大的洪灾。第一次是在1962年农历七月十三日。当日河水猛涨，沿河、沿街住户全部逃至村内东台子、西坡、北崖头等高地。大水冲走大寨粮站仓库3座，冲毁民房10间；全村被淹庄稼300余亩，被冲毁地堰3000余条。第二次是在1998年6月29日。当日下午3～5时，村域内突降暴雨，山洪暴发，水位没过长泰桥桥面。洪水过后，全村1000余亩土地不同程度受害，100多亩土地、1000多米

① 参见章丘县志编纂委员会编：《章丘县志》，济南出版社1992年版，第99页。

道路、3处拦河坝、500多条地堰被冲毁，4处果园绝产，1500余株树木被毁，砖厂的50多万块砖坯被损坏，直接损失10万余元。①

多发的洪涝灾害一方面跟气候变化有关，另外一方面则与大寨村的水文特点有关。大寨河属于济南的小清河水系，村子南部的齐长城和九顶山则是小清河水系与汶河水系的分界点。大寨河在北部的月宫村汇入西巴漏河，后者则流入了小清河的一条支流。大寨河在夏季多有水流，而在其他季节则处于枯水期，河内常常断流。大寨河自南向北流经村内，河水来源于“喇叭嘴”两侧的沟壑。村两侧群山中有若干泉眼，在雨水好的年份这些泉眼就会开泉，泉水汇入大寨河中。如果在短时间内发生大量降水，村域南部两侧群山沟壑中的降水会快速汇集到大寨河中。而在长泰桥附近，大寨河拐了一个90度的弯向西流去，流出100米左右，遇到村西的虎头岭后，河水再拐一个90度的弯向南流去。这就使得大寨河在村子的中心位置，即在长泰桥附近，形成了一个水流不畅的地带，且容易诱发洪灾。从2009年开始，300多户村民陆续搬入由村里统一建设的地势较高的楼区。因此有洪水记忆的老年村民说：“搬入楼区再也不怕大水冲了。”

村内的长湾水库

① 参见孙继昌主编：《大寨村志》，第61～62页。

大寨村虽村域广阔但地势崎岖，这给水利设施的修建造成了很大的不便，现在村内大部分土地仍然无法灌溉。在人民公社时期，村子修建了一系列水利设施，在一定程度上改善了村内的灌溉条件。村内的蓄水工程主要分为露天水坝和地下蓄水池两种。露天水坝主要有长湾水库、马蹄泉水库、大石湾水库、哈喇沟水库、石胡同一号坝、石胡同二号、石匣子水坝等，这些水坝大多修筑于 20 世纪 50～70 年代。地下蓄水池则主要是为了蓄藏饮用水，这在村内早已有之。1965 年，村大队无偿提供石灰，各生产队在田间修池 120 个，在村内修池 30 个，每个池可容水 20～40 立方米。

除了修建蓄水设施，在 20 世纪 60 年代，一项颇具成效的引水工程也曾惠及大寨村。1966 年，章丘县调集 13 个公社的 2700 人兴建垛庄水库，以解决章丘南部垛庄、文祖、埠村等 3 个公社的人畜用水困难和田地灌溉困难。从垛庄水库引水进入大寨村的渠道被称为“跃进渠”，全长 25 公里。跃进渠有两条支干渠[①]流经大寨村。自 1970 年试水成功至 1998 年的 28 年中，每年春天跃进渠都放水灌溉一次。如遇夏旱、秋旱，也会放水灌溉。1998 年，原有的跃进渠的作用被新建的管道工程所代替。引水灌溉工程虽然覆盖面积不大，但对大寨村农业的发展起到了一定的促进作用。

（三）主要农畜种类

大寨村种植的主要粮食作物有冬小麦、玉米、大豆、谷子、高粱、地瓜等，其中以冬小麦和玉米的种植面积最大。冬小麦每年 9 月播种，来年 6 月前后收获。在中华人民共和国成立之前，大寨村的小麦种植面积较小，只占农作物种植面积的 1/3，种类也比较少。自 1984 年之后，小麦的种植面积占到了全村农作物种植面积的 2/3，而且品种也开始增多。小麦的亩产也由中华人民共和国成立初期的 75 公斤达到了现在的 300 公斤。玉米是村内种植面积第二大的农作物，中华人民共和国成立初期玉米亩产在 120 公斤左右，现在已经达到 350 公斤。玉米现在主要用作饲料粮，村民自食占比很少。大寨村的谷子种植历史悠久，除谷粒可供人食用外，谷秸秆可用于喂牛、马、骡等牲口。现在，谷子已经成为大寨村的特产之一。

---

① 水利术语，干渠分叉后的渠道被称为“支干渠”。

由于村内大部分耕地都无法灌溉，粮食产量的提高受到了限制。同时，水资源的匮乏也使村里无法大面积种植蔬菜。村里的主要经济作物是花椒，因为花椒树适宜在山地中生长，而且不需要灌溉，村内几乎家家户户都种植了花椒树，花椒收益成为村民收入的重要来源。早在人民公社时期，村集体就开始在村里的山坡上种植花椒树，但那时的规模不大。包产到户之后，有的村民开始经商或者外出打工，因此出现了土地撂荒的现象。为了将这些土地利用起来，村民们开始种植花椒树。20 世纪 90 年代，国家推行退耕还林政策，村里花椒树的种植面积进一步增长，达到了 400 亩。最近几年，花椒价格的大幅上涨更激发了村民的种植热情。据村书记估计，现在村内花椒树的种植面积将近 800 亩，其收益已成为村民收入的重要组成部分。

山坡上的花椒树

就养殖业来说，大寨村养猪历史悠久。对大寨村村民而言，养猪的主要目的是积攒肥料。中华人民共和国成立后，养猪户占全村总户数的 30%左右。1961 年，为了鼓励村民养猪积肥，村里给两人以上的家庭多分了一块自留地，村民几乎家家户户养猪。这时养猪的主要目的是服务于粮食的生产。家庭联产承包责任制实行之后，家家户户养猪的现象仍然持续，但是村内开始出现了专业的养猪户。1993～1999 年，先后有 15 户村民建设养猪场；

2008 年，为了发展养殖业，村委在村东规划了养殖区，现在已经有 20 余户入驻。专业的养猪户兴起的同时，一家一户的养殖模式渐渐消失了。至 2010 年前后，村内的养猪散户绝迹了。

(四)农业生产与管理

在中华人民共和国成立前后，村里的台田、洼子地一般都是两年三茬：春天播谷，秋天种麦，来年夏初收麦之后再种玉米，收完玉米之后不再耕种，等来年再播谷。山坡的桄子地则一年一茬，即谷子和高粱相互轮种。集体化时代之后，为了提高粮食产量，村里增加了复种指数，将台田、洼子地改为一年两茬，冬小麦和玉米轮种。冬小麦收获之后马上播种玉米，雨热同期的夏季能够让玉米迅速生长成熟，到 9 月就可以收获，玉米收获之后则要种植新一茬的冬小麦。如此循环往复。每年的 6 月和 9 月是农业劳动最为繁忙的两个时节，村民分别称之为“过麦”和“秋上”。“过麦”时要收割小麦、播种玉米，“秋上”时则要收获玉米、播种小麦。

农作物种植的第一个步骤是耕地。耕地分为秋耕、春耕和冬耕三种。秋耕即在秋天种植小麦之前翻耕土地。由于小麦根系发达，秋耕需要对土地进行深耕，费时费力。春耕是在春季种植谷子、高粱等作物之前翻耕土地，不需要像秋耕那样费力。冬耕则是在冬季空茬的时候翻耕，以备来年春季耕种，这对于保墒以及冻死害虫都能够起到很好的作用。在中华人民共和国成立前后，村内土地的耕作主要是用牛拉木犁进行，后来村内引入了铁犁。1957 年，村内引进 13 部用畜力牵引的双铧犁，比铁犁又前进了一步。1973 年，村生产大队购进 1 台 12 马力拖拉机，机械耕作逐渐在村内推广开来。实行家庭联产承包责任制之后，由于地块分散，部分农户又开始使用铁镢、三齿子等工具用人力翻耕土地。

如上文所说，以前大寨村村民几乎是家家养猪，而养猪的一个重要作用就是积肥。养猪的猪圈被称为“栏”，“栏”包括“栏坑”和“栏炕”两部分。“栏炕”是猪的活动空间，“栏坑”则用来积攒猪的粪尿。“栏”同时还发挥着厕所的作用，人的粪尿也排入“栏坑”积攒起来，这也是农家肥的重要组成部分，所以村民称上厕所为“上栏”。相传在清末民初时期，有一个会算计的村民开了一家车店(旅馆)，他曾对人说：“来我店的人即使不吃不住，就在这里坐坐我也赚了，他们总得上栏吧。”客人不在店内花钱，但是“上栏”就攒下了肥料，对这位村民来说这就成了一单有利可图的买卖。在“栏坑”积攒的人畜粪掺入草木灰或者土后就能成为用于农田的肥料。掺入草木灰或者土的过程被称为“垫栏”，而猪在“栏炕”的活动能让土与粪充分混合。等攒到一定程度，就要做“出粪”的工作，即将混合了土的人畜粪运到栏外的空地上晾一段时间，等肥料变得干燥起来而形成块状，这时就可以运到田地中施肥了。随着化肥的推广，农家肥的使用比重正在逐渐下降，养猪积肥的做法渐渐消失。

三、社会与人文

(一)人口和姓氏

2014 年，大寨村有人口 906 户，共 2958 人，分为于、马、王、冯、叶、刘、闫、孙、吕、毕、朱、李、张、陈、郑、单、杨、明、赵、黄、曹、袭、鲁、靳、韩 25 姓。但是因同一姓氏来源不同，这 25 个姓氏又分为 33 个宗族，也就是说存在着“同姓不同宗”的现象。这 33 个宗族中有 24 个是清朝时期从河北枣强迁入章丘北部地区，然后又从章丘北部地区经过二次迁徙进入大寨村定居的。其他 9 个姓氏中，有 6 个是清朝之前迁入的，3 个是清朝之后迁入的。

(二)基层组织

根据村内一些碑刻可以得知，一些中华人民共和国成立之前村内基层组织的状况。村内保留着一通清光绪九年(1883 年)的“戒赌碑”(碑文内容见本书第四章)，这通碑刻是村民为了禁止村内的赌博行为而自行设立村规民约的一次努力。碑文正面是一段题为“戒赌十条”的文字，细数了赌博的坏处，并罗列了“各族首事”的姓名。碑文是当时章丘县衙的告示，讲述了戒赌碑设立的整个过程：几位村民察觉村内赌博盛行，并且该现象给村民的正常生活带来了诸多不良影响，于是他们呈书县官，要求立碑禁赌；县衙对几位村民的行为表示支持，承诺以后若有村民违规赌博，必会严加追究。通过这个事件可以看出，当时村内的基层事务是由非正式的“首事人”来组织和管理的。

大寨村村委会

民国时期，国家试图在乡村社会建立正式的基层组织。1912 年以后，章丘县被划分为 10 个区，大寨属于第 9 区，亦称“埠村区”。区以下设段，段是区的派出机构。其中大寨段下辖大寨、黑峪、青野、东西田广、三槐树、石子口、水龙洞、东张、郭家庄、朱公泉、石斑鸠、黄入泉、小石屋、鹁鸽崖等 14 个村庄。大寨段第一任段长为大寨村村民孙道仁，他任职到 1932 年。相传，在他任职期间，辖区内各项事务被治理得井井有条。村内设有“庄长”一职，这是非正式的职务，最初由村民黄书占担任。黄书占在担任庄长期间的最大功绩是为村民开凿了南井，极大地缓解了村内的用水困难。“庄长”制度一直延续到抗日战争结束。黄书占之后，又相继有张文成、鲁秉礼、刘安仁、孙恒儒等人任庄长一职。

抗日战争结束之后，中国共产党党组织在大寨村成立。此后，随着革命形势的变化和政治运动的需要，村内基层组织的名称不断变更。1946 年 1 月，在中国共产党的领导下，大寨村成立了新政权，设村长、副村长职位。1947 年 3 月，中共南明区委、区政府在青野村召开了土地改革动员大会，之后大寨村成立了两套班底：一是支前领导小组，小组组长行村长之职；二是土地改革领导小组，其在农救会的领导下开展工作。1950 年，支前领导小组被撤销，代之以村长职位，村政体制得以恢复。1956 年，大寨村 99%的农户加入了高级农业生产合作社，社长取代了村长的职位，形成了政社合一的体制。1958 年 9 月，南大寨人民公社成立，大寨村成立生产大队管理委员会，设大队长一职，取代社长的职位。1968 年 10 月，取消“大队管理委员会”的称谓，建立大队革命委员会，设主任一职。1978 年 8 月，取消“大队革命委员会”的称谓，重设大队管理委员会，设大队长一职。1984 年，取消“大队管理委员会”的称谓，改称“村民委员会”，设村主任一职。

大寨村所获得的荣誉

在人民公社时期，生产大队下设生产队。在 1961～1983 年期间，除了 1969 年为推广莱芜古城经验设立过 8 个生产排之外，其余年份大寨村的生产队一直保持在 15～17 个之间。按照人民公社时期“三级所有，队为基础”的原则，生产队不仅仅是组织生产单位，也是自负盈亏的核算单位，每个生产队拥有村内的部分土地。在实行家庭联产承包责任制之时，大寨村的土地分配也没有打破生产队的界限，而是在生产队的范围内实行土地承包。由于不同生产队在人口增减方面存在差异，随着时间的推移，不同生产队的人均土地面积也就出现了差异，且这种差异一直延续了下来。

1984 年生产大队改为村民委员会之后，生产队也随之被撤销。村委会下面设立 5 个村民小组，并设立了村民小组长一职。其中，1 组管辖原 1、2、

3、4生产队，2组管辖原5、6、7、8生产队，3组管辖原9、10、16、17生产队，4组管辖原11、12、13生产队，5组管辖原14、15生产队。村民小组长负责管理组内所辖各户间土地余缺的调整、维修道路以及红白公事的派工等事项。村民小组制度一直延续至今。

（三）教育和卫生

传统乡村社会的教育以私塾为主，家境稍微殷实的人家通常几户合请一位先生来授课，教授的内容以“四书五经”为主。大多数人家送孩子上私塾一方面是为了考取功名，另一方面是为了读书明理，学文习算。在私塾教书的先生多为秀才。在明清时期，秀才也是府州县的学员，故别称为“生员”或“邑庠生”；而进入最高学府国子监就读的学员，则被称为“监生”。根据大寨村嘉庆十七年（1812年）《七圣堂施地碑》和道光十二年（1832年）《重修长泰桥碑》等碑文记载，清朝大寨村的邑庠生和监生有黄书绅、赵希彦、李尹举、孙盛德、孙成德、张怀瑛等人。尚未考取秀才的这部分人被称为“业儒”。根据碑文记载，村内的业儒有赵德厚、孙道方、王庆彩、陈毓俊、叶蓉等人。每逢村里有公共事务，书写碑文常常由这些人来完成。

清政府废除科举制度之后，开始在乡村设立小学堂。1914年，小学堂更名为“小学”。在这一背景下，大寨村设立了“三民主义小学”。1930年，章丘开始实施小学义务教育，大寨村的小学更名为“大寨村短期小学”。这一时期的小学教育仍然没有摆脱私塾的色彩，教员多由村内清末时的秀才担任。在抗日战争时期，大寨村仍然以私塾的形式建立了1所小学，但是由于战乱教学时断时续。1948年，大寨村邻村三德范村的青年教师陈水连参加了由鲁中南行署在莱芜举办的小学教师培训后到村内任教，成为大寨村第一任新式教师。由此，区别于私塾的现代小学教育在大寨村正式开始。

1956年，大寨村建立了完全小学、四年制初级小学和二年制高级小学，小学教育逐渐正规起来。1968年，章丘县革委会下发《关于公办小学下放到大队办的意见》，下放公办教师被调回原籍，小学开始由大队自办，办学经费自筹。同时，大寨小学由六年制的小学转变成为七年一贯制的初中，其中小学5年，初中2年。学校招生范围除了大寨村之外，还包括周围三槐树和石子口2个村庄。直到1981年，初中和小学才分开。2006年，大寨村初中并

入了镇上的文祖中学。同样在2006年，大寨村小学、黑峪小学、青野村小学、东田广小学、西田广小学、三槐树小学、石子口小学合并成为大寨小学，校址位于大寨村粮食街。2009年，大寨小学的在校生人数达到了796人。

在人民公社时期，村办小学的教师多为本村村民，即“民办教师”。民办教师和其他村民一样根据工分参与村集体的劳动成果分配，国家给予适当的补助。直到1998年，村内的民办教师才按照政策规定全部转正。在实行家庭联产承包责任制之后，大寨村小学的办学经费仍然是由村民自筹，通过“教育统筹”或者“三提五统”等方式向村民集资。到了21世纪初，随着国家对农村基础教育的投入逐渐增加，小学的办学经费开始由国家财政负担，教师的收入水平也不断提高。

大寨村幼儿园内景

除了小学教育之外，大寨村也办有学前教育。村内的学前教育起源于1956年。在高级农业生产合作社成立之后，为了方便妇女参加农业生产，村内曾办有农忙托儿所。1978年8月，村内办起了“育红班”——这是村内第一次开办正规的学前教育，经费由生产大队负担。随着村内经济的不断发展，“育红班”的办学条件也不断改善。1983年前后，育红班改名为“幼儿园”，园址几经变迁。2006年，幼儿园迁至村内文化广场旁，新校占地800平

方米，建筑面积 538 平方米，有教室 3 处、办公室 1 处，相关设施配备齐全。此校舍一直沿用至今。现园内有教师 2 名，学生 50 余名。

医疗卫生是除教育之外深刻影响村民生活的一项公共事业。在旧时，村民患病一般是请村里的中医治疗。村里的中医除了开方子之外，还开设药铺。从清末到中华人民共和国成立初期，村里的中医主要有陈淑和、赵宗近、黄继传、赵宗通等人，他们一边行医，一边售药。1951 年，村里组织个体医生联合经营，并在 1953 年成立了“联合诊所”。1959 年，大寨卫生所成立，其为公立卫生机构，由文祖卫生院领导。1968 年，大寨卫生所撤销，成立大队卫生室，行政上由大队领导。1980 年，大队卫生室分为两个，1991 年又合并为大队卫生所。

大寨村卫生室

在人民公社时期，国家倡导建立合作医疗制度，并通过赤脚医生以及中西医结合等方式为农民提供基本的医疗服务。1969 年，大寨村大队开始实行合作医疗制度，社员就医、拿药每次只需交 5 分钱的处方费，其余部分由生产大队支付。需要转诊时，大队确认后支付 50％的费用。1974～1978 年，合作医疗制度实行公社和大队两级统筹的制度，生产队将合作医疗经费的50%提交公社，公社再补充部分经费用于村民住院的报销；小病则在大队卫生室治疗，由生产大队支付费用。1981年，村大队停止了合作医疗制度。随着医药价格的不断上升，“看病难，看病贵”问题越来越突出。直到2004年，村内开始实行新型农村合作医疗制度，村民的医疗负担才逐渐得到缓解。

（四）村庄建设

大寨村的传统民居集中分布在南、北街两侧，新建住宅多以南、北街为中心向外延展。1965年，大寨村人口增加至2000人，为了满足村民的居住需求，大队开始给村民划拨新宅基地，南顶子、北埠子、东台子等居住区逐渐形成。20世纪90年代，新建的台莱路取代了原来的明莱路，村委会决定将原来位于南、北街的大寨集迁往明莱路旧址，并在明莱路旧址两侧划出了45块宅基地出售给村民，形成了长892米的集市街。新修的台莱路比原明莱路向东移动了一定距离，因此在集市街建成的同时，村里同时修建了一条连接台莱路和明莱路旧址的粮食街，并在集市街和台莱路的交叉处竖立了一座刻有“大寨村”的牌坊，这条街成为进入大寨村的主要通道。随着集市街和粮食街的建成，村落的居住区域逐渐向东拓展。

新建楼区内景

村内楼区的修建是大寨村历史上值得大书特书的一件大事，这让300多户世代居住在平房中的村民搬进了楼房。2009年7月，村内的农民公寓开工建设；2012年10月，9栋农民公寓楼建设完成，共安置居民320户。楼房在建成之后被出售给村民，最初售价不足20万元，而两三年之后由村民转手销售给其他村民时价格已经涨到了将近30万元。楼区的建设为大寨村节约了大量土地，既改善了村民的居住条件，也让村里获得了一定的集体收益。

在公共环境改善方面，2006年的"新农村建设"给大寨村带来了巨大的变化。大寨村争取到政府的资金扶持，对村内3271米的道路进行了硬化，新建了幼儿园、卫生室、村委大院、文体广场等，并实施了道路美化、绿化工程，配备了路灯、垃圾箱，使得村子的面貌大为改观。"新农村建设"共计12项工程，投入资金280余万元。

村内文体广场（陈正茂　摄）

近些年，大寨村村庄建设的另外一个重要工程是河道整治。大寨村历史上多次受洪水侵扰，跟河道缺乏疏浚不无关系。河道疏浚工程巨大，村内保留的碑刻上并没有关于河道疏浚的记载。长期的淤积使得河床与河岸几乎一样高，洪水到来之后自然会造成很大危害。从2007年开始，村内开始实

施河道疏浚工程，对从长弯大坝到大寨田拦水坝的河床进行清理，用铲车和挖掘机清理出淤泥 17047 立方米，同时修筑了河堤，硬化了部分河床，新建了若干跨河桥梁。整个工程分为 2 期，共投资 80 余万元。河道整治不仅有效预防了洪涝灾害，而且也有助于美化环境。

第二章 生产生活

与大部分中国村落不同的是，大寨村独特的地理位置使商业活动成为其村落经济中的重要组成部分。因此，本章主要从商业活动的角度对大寨村生产方面的内容进行介绍。在明清时期，大寨村成为过往商贾的必经之地，村内馆驿林立，人流如织。在1980年之后，村民继续借助独特的地理优势发展起了粮食和沙子的贩运生意。同时，大寨村在历史上还是一个地方性的集镇，周围村庄的村民在固定的时间到大寨村来赶集，使其成了一个基层的市场中心。大寨集几经兴废，在20世纪90年代又重新设立，在当今村民的生活中仍然发挥着重要作用。本章所谓的"生活"主要是指村民消费方面的变化。随着市场经济的影响逐渐深入，村民的消费方式也发生了巨大的变化，从这些变化中我们可以管窥整个中国农村社会的变迁。

一、商业传统及其复兴

(一)悠久的商业传统

大寨村在历史上是一个基层市场中心。据清康熙三十年(1691年)编纂的《章丘县志》记载：当时每逢农历的三、八，大寨村就有集。大寨集是章丘

县 27 个集市之一，同时在当时大寨村被称为“镇”，是全县 18 个镇之一。① 其间，大寨集可能出于某种原因中断，但大寨村于道光年间重新立集，日期改成了农历的一、六，并一直延续至今。村内保留着一通道光二十七年(1847 年)间所立的“义集碑”，碑文记录了当时集市设立的情况：

> 市之所由设，原以通有无，便日用也。里内附近六村皆山居而业农。辛勤耕织，浮华为□□以足鱼计。但地界瓜漏南岸，每当秋夏河水瀑发时，有□婚嫁娶宾祭之事，远市为艰，礼仪惟贻讥固陋。即家有余粟余布，欲以有易无，亦未免裹足坐叹。因之七村公议于此庄立集，互通有无。因义举也，如有登垄断左右望而罔市利者，则断非吾七村之所谓好人矣。谨为。

大寨村集市场景

① 清康熙《章丘县志》的相关内容如下：乡之为镇者十有八：旧军镇、步村镇、普济镇、清平镇即刁家镇、文祖镇、明水镇、张家林镇、魏郭林镇、汇口镇、大寨镇、博平镇、大冶镇、危山镇、段家桥镇、水寨镇、辛家寨镇、塘口镇、临济镇。乡之设集者二十有七：东关，一、六，逢四为小集；西关，二、七；南关，三、八，逢九为小集；北关，五、十；步村，三、八；辛家寨，二、七、五、十；山后寨，一、六；普济，三、八、五、十；临集，二、七；水寨，二、八、一、六；刁家庄，四、九；以上集场设有额课。明水镇，二、七；相公庄，五、十；段家桥镇，四、九；山头殿、五、十；旧军镇，五、十；博平，四、九；大寨，三、八；清平，四、九；回村，三、八；辛店，二、七；十八户，四、九；郭太师庵，五、十；张家林，二、七；汇口，四、九；柳塘，四、九；王家店，一、六；吕家寨，四、九；顿丘，二、七；司家庄，三、八；以上集场俱做义集，免其课程。

名。6个村子及其捐资分别为："青野庄钱三十八仟，三田广庄钱十六仟，黑峪庄钱十九仟，蒲皇庄钱十一仟，太平庄钱九仟，石子口庄钱五仟五"。大寨村共有118名捐资人的姓名被刻于碑上（捐款低于一定数额的捐资人的名姓可能没有出现在碑上）。从道光年间至今，大寨村的集就一直固定在农历的一、六举行，村民中甚至形成了"大寨集——一六"的顺口溜。

到了20世纪80年代，随着市场自由贸易的恢复，大寨集交易繁荣，村内的场地已不能满足集市贸易的需要。大寨村党支部和村委会根据村民要求，经上级和工商部门批准，于1994年春将大寨集由村内老街迁到在原明莱路开辟的新地址。新集市共设220个摊位，日交易额达10万元以上。1997年秋，大寨村举办了"集市街迁址立碑庆典"，并立碑一通，碑文内容如下：

> 大寨村地处章丘南部齐鲁交界处，当年两军交战，齐师在此扎寨，故取名大寨。优越的地理位置、丰富的物产、稠密的人口形成了商贾云集之地。改革以来，经济发展，市场繁荣，原集市场地较小，无法扩展。一九九四年春，村委会决定迁于此地。在镇委、政府的领导下和工商及各部门的扶持下，三千村民自愿出工捐资40万元，历经三年，建成一万二千平方米的交易场地及配套设施，从此这个古老集市走上了日趋繁荣之路。

大寨村除了是一个基层市场中心之外，独特的地理位置更使其成为一个商业要塞。村内历来有"七十二店"的说法。"七十二"并非实数，而只是表明村内店铺众多。《大寨村志》执行主编张福成先生根据村中的碑刻记载以及村内老人的回忆，整理出了一份大寨村历史上出现过的店铺的名单，这些店铺的时间跨度从明清一直到中华人民共和国成立前夕。据名单记载，大寨村历史上出现的店铺共有135家，其中钱庄27家、醋厂1家、弹坊5家、德世古1家（经营项目不详）、灯轿铺3家、药铺6家、豆腐坊7家、广货店12家、架子社2家、酱菜铺3家、酒店3家、车店饭店30家、煎饼铺1家、盐店1家、馍馍坊1家、肉铺6家、糕点1家、染坊5家、零食店1家、绿豆丸子店1家、冥器坊1家、木匠铺6家、宋家店1家（经营项目不详）、铁匠铺4家、铁器铺2家、屯粮店1家、娃娃框子店1家、香油坊2家。（详见"附录一"）

这些店铺种类繁多，但是数目最多的还是车店饭店和钱庄。在中国古代社会，商贾运输货物主要靠人力和畜力，每日行程有限，因此在沿途就需要打尖、住宿。大寨村地处交通要塞，是往来商旅歇脚的重要地点。大寨村村内的30家车店饭店即是为了满足商旅的这些需求而设立的。

商贸的繁荣促进了金融业的发展。历史上，每逢村中需要集资修建公共设施时，村内钱庄都十分积极地捐款。从目前的碑文记载中可以看出，清道光二十七年(1847年)，因立集所需，在大寨庄的钱庄中就有5家捐款：青野村钱庄、三田广钱庄、黑峪村钱庄、蒲皇村钱庄、义兴号。据《重修镇武阁碑》载，清光绪元年(1875年)大寨村有11家钱庄捐款：双和堂、德圣号、聚兴号、春荣堂、广仁堂、同顺成、公义顺、广和号、集胜号、恒泰号、义和堂。据《修西坡道碑》载，1925年，大寨村有9家钱庄捐资：福德厚、汇济号、德兴义仁记、恒昌号、励顺成、德盛恒、荣昌盛、聚兴昌、天聚成。通过碑文记载，我们可以看到大寨村及其周边村落钱庄数目之多。

据村民回忆，在抗日战争时期，大寨钱庄只剩下3家：福德厚是章丘城人冯建本开设的；德盛恒钱庄是东田广张家的；福聚园是由西田广牛嗣忠开设的，在本村村民家中设办公点。三家钱庄都有一定的资金，并收取零星存款，付给利息，再放贷于人。同时，它们也给大寨村的商业发展带来了活力。三家钱庄为谋利润，都有自家的票子，在其活动范围之内可以通用。1941年10月，章丘独立营副营长郇新义公开叛变投敌，在大寨村火烧南街东西胡同及孙家楼，掳掠大量牛、驴及财产，同时将福德厚钱庄和德盛恒钱庄的资本一抢而光，大寨村的钱庄行当开始走向没落。

除了钱庄，大寨村历史上还存在发达的民间借贷传统，被称为“随会”。《大寨村志》详细记载了旧时随会的做法。①

以前，如果有人急需用钱或粮食，就会找上两个办事人，写好帖子，这叫“请会”。会的发起人叫“请会人”，被请人则被称为“随会”。会成立之时，大家商定会资、会期、拨会间期等。会资是大家集资供借贷的总数，会期是整个会持续的时间，拨会间期则是大家定期碰头(拨会)的间隔。每次碰头大家的集资会重新贷出。每一拨会间期结束再举行新一次拨会时，大家会传递筷子，拿到筷子的人如果要用此笔钱粮就要言明利息，这叫作“喊会”。前

① 参见孙继昌主编:《大寨村志》，第173～174页。

面有人喊会时，后面的人也可以以更高的利息喊会，最终无人再出更高的利息的时候，就由出利息最高者借贷此笔钱粮，这就叫作“挡会”。

“随会”的存在解决了人们的燃眉之急，但是如果出现违约的情况随会就会难以持续。然而，在乡村的“熟人社会”中，违约的成本实际上非常高。在随会中，如果借贷人到期无法还清债务，则要将全部家产变卖以抵偿部分债务，然后全家离开大寨村，这种形式叫“结果账”。还有的人遇到这种情况时，不是通过“结果账”的形式解决问题，而是不声不响地拖儿带女逃往他乡，永不回家，这叫“黑票”。“结果账”和“黑票”意味着借贷人的社会性死亡，即永远退出了大寨村的生活。

以上所述的经济活动中，除了集市一直延续至今外，其他活动现在都逐渐衰落，甚至消失了。随着交通工具的改进和道路基础设施的发展，商旅每天能够行进的路程大大增加，高速公路和高速铁路使得人们能够在一天之内就可以穿越小半个中国，大寨村作为商贾云集之地的地位不复存在。京沪高速公路就从大寨村村域经过，然而高速路上往来奔驰的车辆已经与这个村落失去了紧密的联系。全国性金融机构的建立及其网点的广泛分布也使得民间的钱庄失去了发挥作用的余地。民间随会的借贷做法也不复存在，只有村民个体之间的相互借贷行为还存在着。

(二)1980 年之后的商业发展

正如上文所说，大寨村传统的经济活动已经式微，但在 1980 年之后，大寨村村民仍然利用其独特的地理位置发展起了新的商贸活动——贩运粮食和沙子。大寨村位于济南与莱芜相接处。济南地处华北平原南部边缘，土地相对平坦，灌溉便利，从而盛产粮食，但是由于地质原因，沙子却十分匮乏；莱芜地处山东丘陵，粮食产量相对不足，但是却有着济南市所匮乏的沙子。位于济南市和莱芜市边界上的大寨村村民则充分发挥了互通有无的中介作用，将莱芜的沙子贩运到济南的建筑工地，并将济南地区农民的余粮贩运到莱芜的养殖场和饲料厂。大寨村村民外出打工者很少，大部分人都从事贩运粮食和沙子的生意。

车辆是村民开展商业活动的必要工具。1982 年正月，村民陈守芳从河南长葛县购买了 1 辆奔马牌 4.5 马力的三轮车，这是村内的第一辆私人机动车。在1983～1990年仅仅8年的时间内，村民相继购买各种类型的三轮车、拖拉机、小型运输车近300辆。他们走南闯北贩运粮食，使大寨村成为远近闻名的运输村。之后，村民又陆续购进大型50马力拖拉机、东风汽车、黄河牌双桥车、时代668汽车、铲车、“前四后八”双桥大型货车等，使大寨村成为章丘南部山区拥有车辆较多的村庄之一。根据《大寨村志》的统计，截至2009年年底，全村共有机动车1125辆（台），其中拖拉机23台、三轮车（包括五轮车）427辆、汽车195辆、铲车21台、面包车45辆、轿车55辆、三轮摩托车29辆、双轮摩托车330辆。其中三轮车（包括五轮车）和汽车是村民贩运粮食和沙子的主要交通工具，共计622辆。平均下来，全村900户（2009年）村民中超过2/3的家庭在从事贩运粮食和沙子的生意。如果除去已退出生产的老年家庭，这一比例会更高。

运沙的“前四后八”

村民贩运粮食的运输工具主要有三轮车和汽车两种。三轮车负责到大寨村所在的章丘区（济南下辖的区）各村走街串巷地从农民手中收购余粮。每天早上不到5点，三轮车就纷纷从村内出发了，他们要赶在农民下地干活之前赶到村里争取收到更多的粮食。村民每天收到的粮食多少不等，在粮食收获的季节收到的多些，但在青黄不接的季节甚至会有空车而归的情况。平均下来，一辆三轮车每天能收到三四千公斤粮食。

三轮车一大早出发，下午一两点就能返回村庄，这时候二级收购商已经在村内的“粮食街”等候。二级收购商也都是本村人，他们一般在村内的“粮

食街”上拥有一栋房子，中午的时候就将汽车停靠在家门外的街上收购三轮车的粮食。二级收购商的运输工具——汽车，载重更高，能装 1 万公斤左右的粮食，大约 3 辆三轮车的粮食能够装满一辆汽车。

三轮车车主将粮食交给汽车车主之后，就可以下地干活或者休息了。而汽车装满之后，车主会把车子开进自家的院子里，一天的收购工作就算完成了。第二天早上 5 点左右，汽车车主会将昨天下午已经装好的满满一车粮食送往南部莱芜市的养殖场或者饲料厂。到达目的地之后，汽车车主要将粮食一袋袋地替买家从车上卸下来，等到卸完粮食返回村庄时已经将近中午了。如果时间充足，车主就匆匆吃个午饭；没时间的话，就要接着开始装载三轮车收购来的粮食，以备第二天送货。

村内的运粮车辆

三轮车车主和汽车车主每公斤粮食能够赚取的差价是不同的。一般情况下，三轮车车主每公斤粮食能赚 6～8 分钱，但会因时节的不同而有所差异。在青黄不接的时候生意难做，每公斤粮食往往只能赚 4 分钱，而且每天的收购量也比较少，这时候很多三轮车车主就在家闲着。而在粮食收获的季节，每公斤粮食能赚到 1 角钱，甚至更高，每天的收购量也比较大。每年粮食收获的季节也是这些从事粮食贩运的村民最为忙碌的时节，这时候为了能够节省时间，汽车车主就不能再在村里等着了，要跑到村子北边某个地点去接应三轮车车主，这样就能给三轮车车主腾出更多时间去下乡收粮食。

这时候，三轮车车主每天也不再是仅出一趟车了，他们将粮食转手给汽车车主之后就会马上返回继续收粮。有的汽车车主则在收购点支上锅，雇上几个人，马不停蹄地收购三轮车车主运来的粮食。汽车车主每公斤粮食能够赚取的差价比三轮车车主要低，一般固定在 4 分钱左右。由于汽车车主每天能收购 3 辆三轮车的粮食，所以较低的差价并不意味着他们的收入会比三轮车车主低。

粮食的价格是不断变动的，而价格的变动一般是从大型饲料厂开始的。粮食供不应求的时候他们会提价，而粮食供大于求的时候他们就会压价。一般是某个大型饲料厂首先提价或降价，然后价格的变动会沿着横向和纵向两个方向传递开来。横向的传递就是其他饲料厂也会跟着提价或降价，而纵向的传递就是给这些饲料厂送粮食的汽车车主会随后跟着变化价格，然后价格的变动再通过三轮车车主传递到农户那里。但无论价格如何变动，汽车车主每公斤粮食得以赚取的差价都会保持在原来的 4 分钱左右。

三轮车车主面对的是数量众多的农民，而价格变动的信息传递到农民那里要慢得多。在价格提升的时候，由于这种变动上的时差，三轮车车主还可以按照原来的低价从农户那里收购粮食，然后按照提升后的价格再卖出去，这样就可以多赚一部分钱。当价格提升的信息逐渐在卖粮食的农民中间传播开来之后，这种暂时的好处就消失了。反过来说，如果价格降低了，那么农户的适应也需要一个过程，这时候粮食就比较难收了。因此，三轮车车主在走街串巷收购粮食的时候，定价是相对灵活的，根据时间和行情，每公斤粮食赚取的差价可能是 6 分到 1 角钱。

每公斤粮食 4 分钱、6 分钱的不起眼的差价积少成多，构成了村民的主要收入，供养着众多家庭。按照每个三轮车车主每天收购 4000 公斤粮食、每公斤挣 6 分钱计算，那么每天的毛利润就是 240 元，再去掉 40 元的油钱，每天的利润在 200 元左右。一般是夫妻两人一块出车，这样平均每个人每天的收入大约是 100 元，与在本村工厂做工的收入相差不大。但是与打工相比，收粮食的好处在于相对自由，每天只用出半天车，有其他事情的话也可以随时停工。另外，收粮食的体力支出也要小，而且不用担心拖欠工资的情况。一辆汽车每趟大概能拉 1 万公斤，每公斤赚 4 分钱，那么每趟毛利润为 400 元，去掉油钱后每趟的利润在 350 元左右，比三轮车赚得要多一点。

改革开放之后，国家逐渐放开粮食市场，大寨村的粮食贩运买卖就是从那时逐渐兴起的。村民从事沙子贩运的时间则要晚得多，大概从2004年才开始。通过对沙车车主和司机进行访谈，笔者了解到了村民从事沙子买卖的大致历史。

2004年，章丘市北部的邹平县正在兴建一个大型电厂，这时就有村民开始往那里运输沙子。紧接着济南市高新区建设开工，便有更多的村民投身到沙子运输的行当中。2006年是生意最好的时候，从事沙子运输买卖的村民一下子多了起来。据一位村民讲，当时有一阵子平均每两天就有人买进一辆卡车。

村民在2006年买的车现在被他们通称为“小车”，以与“大车”或者“前四后八”区别开来。“大车”吨位高，一次能够装三十七八立方米的沙子，而“小车”每次只能装十三四立方米。看到了沙子运输的巨大利润后，从2007年左右，一些村民陆陆续续购买了“大车”。2009年左右，全运会在济南召开，场馆的兴建和周围楼盘的开发使得开发商对建材的需求再一次提高。到了2010年左右，村民又开始大量购买“前四后八”，又出现了每两天就有人买一辆车的盛况。但是从2013年左右开始，济南地区的建筑业逐渐变得不景气，村民的沙子贩运买卖变得越来越艰难了。

一位老司机给笔者讲述了大寨村的沙车是如何逐渐扩张，又是如何占领从沙源地到工地的整条运输路线的历程。刚开始从事沙子运输的时候，大寨村村民并不是直接到莱芜的沙源地购买沙子，而是到莱芜境内的一个与济南搭界的村庄的沙场购买。从沙源地到沙场的这一段路程在莱芜境内，由莱芜的沙车负责运输，而从沙场到济南工地的这段路程则由大寨村的沙车负责运输。当时，如果大寨村的卡车直接到莱芜境内的沙源地购买沙子，就会受到莱芜人的歧视。一车沙卖给莱芜人是1000元，而卖给大寨村的人就会变成1100元一车，甚至更高。反过来，莱芜的沙车如果直接进入济南的市场也会被“欺负”。这样，莱芜的车子和章丘的车子分别负责各自境内的运输，在两市交界的地方则形成了起到沙场中转站作用的沙场。

后来，由于某些政策原因，莱芜边界处的沙场被取缔，于是莱芜人把沙场开到了大寨村内。这时候，大寨村的人也开始在本村内开沙场。渐渐地，大寨村的沙场把莱芜的沙场完全排挤了出去，所有的沙场都变成大寨村人

的了。而且，莱芜境内的沙车大多由于经营不善而退出了市场，大寨村的沙车又开始承担起了莱芜境内路段的运输工作。这样，大寨村的沙车就承担起了从沙源地到工地全程的运输工作。后来大寨村内的沙场也因为环境污染问题而被取缔，大寨村的沙车就不再通过沙场中转，而是直接将沙子从沙源地运送到工地。

“玩车的”（开车搞运输的人）也分为两种：一种是开小型卡车的。2004年左右村民刚开始从事沙子贩卖的时候都是购买的这种车。这类卡车的型号有福田雷沃 180、福田雷沃 140 等。现在还有许多村民开这种车运输沙子。另外一种是开“前四后八”的。这种车子的车头处有 2 个车轴 4 个方向轮，车兜后面也有 2 个车轴，且轮子是双排的，共有 8 个轮子，因此被村民称为“前四后八”，或“大车”。

二、消费的变化

除了商业模式的改变，大寨村村民的消费生活也发生了巨大的变化。村民的基本生活消费包括住、吃、穿、用等多个方面。下文将分别进行考察。从大寨村村民消费的变化中，我们可以看出人们的生活是如何被卷入一个更加广泛的社会交换体系之中的。

(一)居住

中华人民共和国成立前，村内流行建四合院，院内东西南北屋都有。四合院中以北方为上首，中间一般建 3 间大北屋，大北屋两侧则是 2 间小北屋，一般要矮于大北屋。东侧和西侧各建一排房子，相互对称，与小北屋同高。南屋、大门和栏圈并置于南侧。东南方向一般是大门，西南方向是栏圈。旧时，房屋的用料主要是土、木、石，房基用石料砌成，墙体用土坯砌成，梁杈门窗用木料制成，房顶则多覆盖麦秸或黄草，只有富人家才会采用砖镶门。盖房最费人力的是打土坯。一般盖一间屋需要用 1000 块土坯，两个人合伙一天能够打 500 块土坯。一天 500 块这个数目成为约定俗成的工作量，如果某人被请去帮忙，每天打不够 500 块土坯，那么他就会感到很丢人，吃饭也吃不

香,所以天黑前必须打足 500 块坯才能心安理得地吃晚饭。[①] 传统建筑多是就地取材,人工则靠村民相互帮工,因此整个建房过程几乎不用花费现金。

随着居民生活水平的提高,村民的住房逐渐由土坯房变成了砖瓦房,后来砖瓦房也逐渐由平房变成了二层楼房。2009 年开始,村内集中开发了几栋居民楼,300 多户村民住进了楼房。在这个变化过程中,村民建房材料中就地取材的比例变得越来越小,人工也逐渐由帮工变成了雇工,现金在村民住房需求的满足中发挥着越来越重要的作用。

村民居住方式的这种变化在一名张姓村民的身上得到了充分的体现。张某,男,74 岁。他目前一共盖了四栋房子。最早的一栋建于 1979 年,最晚的一栋建于 1994 年。通过这几栋房子的建设方式,我们可以看出市场是如何在满足村民的住房需求中发挥越来越大的作用的。

第一栋是张某自己盖的改善性住房。张某分家后原本跟兄弟住在一个院子里,后来他有了 4 个孩子,分家时分到的房子住不下了,于是他在自己分到的场院里面又盖了一栋房子。盖这栋房子的时间是 1979 年,那时候建材是就地取材,人工是亲戚和街坊来帮忙,所以成本很低。木料取自张某分家后(1962 年)在场院里种下的树。那时候砌墙不用砖,用的是土坯。土坯要靠街坊来帮忙打。打制时有一个专门的模具,一个人将黏土放进模具里面,另外一个人将黏土夯实,去掉模具后一个土坯就形成了,晾干后就可以使用了。张某要盖 5 间[②]屋,大概需要 3000 块土坯,按照 2 个人分工,一天可以打 500 块坯的工作量计算,12 个人用一天的时间就可以打完。砌墙上瓦的人是瓦工,这是一个技术活,如果本生产队里或者自己的亲戚朋友里面有会瓦工的,那么就会主动前来帮忙,而且不会要工钱。一般每个生产队都有瓦工,所以大部分人盖房子都不用花钱雇瓦工。虽然不用支付工钱,但是需要招待前来帮忙的亲戚和街坊。据张某说,那时饭菜不像现在这样丰盛,一般是炒点自家种的土豆等蔬菜就行了,买点豆腐就算是招待得比较好了,所以也花不了多少钱。盖屋打地基用的石料是在屋子旁边采的,屋顶盖的是麦秸。当时普通百姓盖屋都用麦秸代替瓦,所以也不用花钱。

---

① 参见孙继昌主编:《大寨村志》,第 331~333 页。

② 这里的“间”与通常意义上的“间”不一样,即使在同一间屋子里面,如果中间有一道大梁,也算作两间屋。

1987 年张某又给大儿子盖了一栋婚房，这时候花钱就多了。大儿子结婚时 25 岁，初中毕业就开始工作了，先在村委会工作了一段时间，后来又去济南打工。虽然当时工资比较低，每天只有 4 元钱，但是几年下来也攒下了一些钱。张某的妻子和女儿则在家里卖豆腐。张某自己则在村委会工作，也有些工资收入。一家几口人的辛勤劳作，为大儿子结婚和盖房做好了准备。

张某给大儿子盖的房子的主体仍然是土坯的，但是在门口和窗户周围用上了一些砖。据张某回忆，当时总共买了 1000 块砖，每块 3 分钱，总计花了 30 元。这时候张某已经没有自种的木材了，所以就需要买木料，大概花了 400 元。当时盖屋打地基流行用方块石，这个也需要购买；屋顶已经不用麦秸，而全部换成了瓦。当时瓦的价格是每页 1.2 角，张某总共买了 600 页。在用工方面，当时还是换工互助，只需每天管饭就行。瓦工是张某所在生产队中的 3 个人，都没有收工钱。大儿子媳妇的哥哥是木匠，当时两家人已经定亲，所以他就来帮忙打制门窗，也不收工钱。所以，与 1979 年盖的那栋房子相比，这栋房子在用工方面没有什么变化，但在用料方面，已经开始由全部就地取材变为部分从市场购买。

大儿子结婚之后不久就分家单过了。大儿子分出去之后，张某就开始准备二儿子的婚事了。在 1992 年前后张某开始给二儿子盖婚房。当时张某在村里的工作比较忙，又怕欠下人情没有时间去还，所以就将盖屋的人工都承包了出去。除了人工外包，建材也基本上都是买的。当时砖是每块 4 分钱，买了 18000 块，共花费 720 元。木料一共用了 2 方，每方 500 元，共花费 1000 元。瓦是每页 1.6 角，买了 1000 页，共 160 元。采石头和打地基承包给了本村的两个人，花费是 450 元。盖房子承包给了本村的一个小建筑队，花费是 450 元。由于上梁的时候需要的人比较多，雇来的建筑队人手不够，所以还需要请街坊来帮忙。将工程包出去后就不需要每天管饭了，但是在开工和完工的时候张某还是置办了两场酒席宴请了建筑队的成员。在街坊来帮忙上梁的时候，张某也宴请了帮忙的人和建筑队的成员。据张某估算，这次盖屋总共花费了 2800 元左右。

张某给三儿子盖房子是在 1994 年前后，这时候花费就更多了。石料是张某找了几个大工帮忙采买的，支付了工钱。恰好三儿子的岳父是瓦工，他

帮忙垒了地基，这部分没花钱。打好地基之后，盖屋的其他事宜就承包给了本村的一个黄姓村民，承包费是4500元。其他的建筑材料全部都是购买的。

老大结婚之后又将原来的屋子翻盖了一次，后来在粮食街上租了地基，又盖了一栋新房子。老二在原来的房子上又加了一层，后来又买了一套村里盖的楼房。老三的房子没有翻新，但他也买了一套村里盖的楼房。直接购买楼房意味着村民住房需求市场化的彻底完成。楼房的建设由开发商和建筑商共同完成，购买楼房意味着将自盖房屋时的监管工作承包了出去。张某盖第四栋房子时，虽然建材都是从市场上购买的，劳务也是承包出去的，但是他仍要统筹整个建房过程，这实际上就是现代楼房建设中开发商的工作。这个统筹过程不是一件容易的事情，直接购买建设好的成品楼对于村民来说省了不少心。

住房建设逐渐市场化，原因可以分为两个方面。一方面是村民经济能力的提高。砖瓦古已有之，然而长期以来普通百姓生活贫困，买不起砖瓦，只能用土坯代替砖、用麦秸代替瓦来盖屋，这样盖成的屋因此被叫作“坯屋”或者“草屋”，现在村民盖的屋则被叫作“砖屋”或者“瓦屋”。砖瓦在普通百姓住房建设中被大规模使用的原因，从微观上来看是居民经济能力的提升，从宏观上来看则是中国建材产业的发展和生产力的不断提高使得砖瓦的普及成为可能。另一方面，大多数村民开始从事非农产业，帮工的“机会成本”①提高。在人民公社时期，村民在生产队出工每天赚取的工分并不能换来多少粮食，而给街坊或者亲戚朋友帮工的话，至少可以吃一天饱饭，这比在生产队出工要划算得多。到了改革开放初期，村民仍以务农为主，时间相对自由，今天耽误的农活可以明天补上，而且每年都有相对较长的农闲时间可以自由支配，因此可以说村民拥有大量机会成本为零的时间。正如一位老年村民所说：“那时候人们都不出去干活，在家闲着也是闲着，不帮白不帮。”然而，随着越来越多的村民开始做生意或者外出打工，帮一天工就意味着少挣一天钱，帮工的成本就上升了。而盖房的一方如果找人帮了工，以后还得还别人的人情，这又会耽误自己的工作。所以，将住房的建设承包给建筑队，无论是对盖房的人还是对有可能来帮工的人来说，都是一种更为明智的选

---

① 机会成本是一个经济学术语，简单来讲是指某一资源（资本、时间等）投入到某一用途之后，所放弃的在其他用途上可能获得的最高收益。

择。随着从事非农产业的村民人数越来越多，这一过程慢慢地发生了改变，市场逻辑逐渐代替了人情逻辑。

（二）饮食

从饮食来看，大寨村村民自给自足的部分在逐渐减少，从市场购买的部分在逐渐增加。与大多数其他文化一样，中国人的日常食物可以分为淀粉类和非淀粉类两种，前者可以称为狭义上的“饭”，后者可以称为“菜”，而广义上的“饭”则可以包括这两者。在大寨村这两者的变化可以概括为两点：首先，饭的自制部分的比重有所下降，购买部分的比重有所上升；其次，从饭与菜的关系来看，在村民饮食中饭的比重有所下降，而菜的比重有所上升。这两点都意味着村民的日常食物中自给自足部分的比重在逐渐下降，依靠市场供应部分的比重在逐渐上升。

现在，村民回忆起以前的生活，经常提到有关吃的东西。在1959～1961年三年困难时期，谷糠、野菜、地瓜秧、玉米瓤等都被用来充饥。三年困难时期过去之后，村民生活有所改善，地瓜成了村民淀粉类食物的主要来源。随着生活水平的逐步好转，面粉在村民饮食中的比重逐渐提高。在计划经济时期，村民的食物基本上都是依靠自己制作。村民只有在想改善生活的时候才到村里的馒头店买馒头。在改革开放的之初的20世纪80年代初，村里只有1家馒头店，馒头店每天卖出的馒头大约有100个。家庭联产承包责任制实行之后，随着村民生活的逐步改善，买馒头逐渐成为村民日常生活中的一部分。村民在没时间自己做馒头或者不愿意自己做的时候，就会到馒头店去购买。现在村里卖馒头和火烧的店铺有3家，在农闲的时候每家能够卖出100多个馒头或火烧，在农忙的时候每家能够卖出400多个。现在，年轻的媳妇已经有很多人不会做馒头了，她们平时往往买馒头吃，或者吃婆婆蒸的馒头。

从菜的方面来看，在人民公社时期，大部分村民往往很少炒菜吃，每天基本就是吃咸菜。20世纪90年代中期，村民慢慢形成了每天中午炒一顿菜的习惯，很快又变成了每天中午和晚上都炒菜。这意味着在村民的食物消费中，饭占的比重下降了，菜占的比重上升了。这一变化被黄宗智称为中国

农业的"隐形革命"[①]。黄宗智调研后得出结论,认为中国人的饮食结构在 20 世纪 80 年代开始的 30 年间发生了巨大的变化,粮食的比重明显下降,果蔬和蛋白质类食物的比重明显上升。这种变化在大寨村体现得十分明显。20 世纪 80 年代初期,大寨村集市上的商贩连 1 头猪的猪肉都卖不完,而现在每集能够卖出 3 头猪的猪肉。从豆腐的消费来看,20 世纪 80 年代初期,村中大概有 10 家豆腐坊,每家豆腐坊每天只做 8 斤豆子的豆腐,而且很难卖完。而现在村中有 7 家豆腐坊,每家豆腐坊每天做 40 斤豆子的豆腐,而且一个上午就全部销售一空。可以看出,村内猪肉和豆腐的消费数量都大大增加了。村中人口数量从 1980 年(2714 人)到 2014 年(2958 人)变化不大,所以这些消费的增长主要是由人均消费的增长,而不是由人口增长导致的。

除了饮食结构上的这种变化,食物消费中依靠饭店的比重也有所提高。村内现在有 2 家早餐店,工作繁忙的村民往往到早餐店吃早餐。村内现在还有 2 家饭店,村民请客往往到饭店去,或者让饭店送菜上门。现在举办婚礼时去饭店请客已经成了通行的做法。在调查期间,村支书曾说要带我去参加一场在自己家里做饭的传统婚礼,然而直到我离开,他仍然没有打听到一例。这是因为村里在自己家中做饭的传统婚礼已经消失了。

无论从饭和菜在村民日常饮食中所占的比重来看,还是从仪式性的食物消费来看,村民自己制作部分的比重在下降,而依靠市场供给的部分则在上升。造成这种变化的原因在于村民收入不断提高,而时间也变得越来越珍贵,在制作食物上花费过多的时间已经显得不划算。自己做饭虽然能省下钱,但是利用好为此浪费的时间却可以挣更多的钱。

(三)服饰

在大寨村,村民穿衣也越来越依赖市场。在计划经济时期,买布需要布票。据村民回忆,在 20 世纪 50 年代末 60 年代初的困难时期,每人一年有 3 尺(约合 1 米)布的布票,而 6 尺(约合 2 米)布才能做一条裤子。所以,单纯靠布票无法满足穿衣的需求,而且村民也没钱买布,于是自己纺线织布便成了通行的做法。1961 年之后,生产队开始适当扩大自留地、堰边地和猪饲料

---

① [美]黄宗智:《中国的隐性农业革命(1980～2010)——一个历史和比较的视野》,载《开放时代》2016 年第 6 期。

地，村民可用于纺布的棉花也多了起来。

纺布由女人来完成，她们完成白天的工作之后，夜里还要纺纱织布。一般情况下，一个人一天可以织1丈（约合3.33米）布左右，而织1丈布所需的棉纱则需要4天的时间才能纺出来。也就是说总共要花5天才能生产出1丈布。通常做一身衣服大概需要1丈3尺（约合4.33米）布，这样如果不计入生产棉花的农业劳动的话，一身衣服大概需要七八天才能做出（6天半用来织布，1天用来缝制）。给一个四口之家每人做一套衣服的话，则要花费将近30天，因此这要耗费妇女大量的精力。

在20世纪50～70年代，村里有一户刘姓村民织"洋袜子"。村民自己带棉线，他们家负责将其织成长筒状，按照每尺5分钱收取加工费。然后村民回家将织好的袜筒截成一段一段的，封住一端的开口，再缝制上袜垫，就做成了袜子。那时候，村民将从市场上购买的日常生活用品都加上一个"洋"字，例如"洋车子"（自行车）、"洋火"（火柴）、"洋油灯"（煤油灯）、"洋布"等等。最初这些物品都是从洋人那里传来的，所以要带上"洋"字，但这种称谓延续了下来，在某种意义上成为市场制成品的代名词。这种袜子的制作部分依靠市场，所以村民也给它带上了一个"洋"字。到了20世纪70年代末，刘家渐渐不再织袜子了，村民开始购买成品的袜子。而这时候"洋"字渐渐消失了，村民直接称"袜子"了。此时，"洋"字的去掉反而说明了从市场购买生活用品成了村民生活中越来越平常的事情，作为"洋"的对立面的"土"（例如"土布"）也消失了，因此也就没有区分的必要了。

在村民自己织布做衣服的时候，从市场上买来的布被称作"洋布"。在现金匮乏的计划经济时期，村民无力从市场上购买，只能自己织布。从20世纪70年代后期，随着村民经济条件的逐渐改善，村民开始从市场上买布，然后交给裁缝做衣服。他们最初购买的布料是平纹布、斜纹布，后来则是条绒、涤卡等布料。渐渐地，越来越多的村民购买了缝纫机，开始自己购买布料自己做衣服。于是，纺线、织布渐渐退出了村民的生活。

从20世纪80年代初，有村民开始从市场上购买成品衣服，这又使得购买布料然后找裁缝或者自己缝制衣服的做法也渐渐退出了历史舞台。大概从2000年左右，已经很少有村民购买布料自己做衣服了。村民的穿衣需求由自给自足逐渐转变成了完全依赖市场。

(四)日用品

从日常用品来看,村民的生活主要发生了两种变化。首先是大量新的需求的出现,而且新的需求通常需要靠市场来满足。其次是原来依靠自己制作或者部分自己制作的部分被市场的供应所取代。生活用品种类繁多,在此只列举部分事例以揭示这种变化。

中华人民共和国成立前,大寨村村民多睡土炕,房屋的“上手”(北墙)都用土坯盘炕。20 世纪 80 年代初开始,土炕慢慢被淘汰,代之而起的是铁床、木床、钢丝床、弹簧床,而土炕所具备的取暖功能也逐渐被暖气所代替。除了土炕的消失之外,村民日用的其他物品也发生了巨大的变化,彩电、洗衣机、电冰箱、电脑、家用轿车、手机、空调等逐渐进入了村民的生活。同时,随着市场化程度的提高,很多本来依靠村民通过自给自足来满足的生活需求正在被市场供应所取代。以做饭的燃料为例,之前村民主要使用作物秸秆作为燃料,而现在则主要使用煤气和电。在烧柴的时候,炉具都是村民自己用泥巴制作的,后来逐渐被铁制炉具所取代,而现在电磁炉、煤气灶等又取代了铁制的炉具。

就生活用具而言,另一个明显的变化是瓷制品被铁制品或者塑料制品所代替。洗菜的盆逐渐从瓷盆变成了铁盆或者铝盆。村民盛粮食以前多用大瓷缸,因为其可以有效地防止老鼠糟蹋粮食。随着砖瓦房的增多,瓷缸防鼠的功能就不必要了,而现在村民多用尼龙袋盛粮食。瓷制品容易坏,但是以前会过日子的村民不会将坏掉的瓷盆扔掉,而是请来“小炉匠”进行修补。如今,随着铁制品的大量使用,人们已经很少再去修补坏掉的瓷制品。因为这种变化,“小炉匠”作为一种职业也走向了衰落。

就家具而言,一个重要变化是从市场上购买的成品家具逐渐取代了村民雇请木匠打制的家具。这一变化大概发生在 20 世纪 90 年代中期。在这之前,家具多为村民自行种植或者购买木材,然后请来木匠打制,后来从市场上购买的工业制成品就逐渐取代了木匠制作的家具。价格相同,但购买来的家具更漂亮,款式也更多样,因而更受村民的青睐。

总之,从村民日常用品构成的变化上来看,市场的重要性也在逐渐提升。依靠村民自给自足抑或参与制作的物件正在被完全的市场供应所取代。

三、手艺人的命运

与村民生活需求满足的市场化程度提高相对应的是村中传统手艺人群体的消失。过去,房屋建设需要木匠、瓦匠和石匠三种手艺人,他们通常被合称为“木瓦石三匠”。木匠负责制作门窗和梁杈,瓦匠负责砌墙上瓦,石匠负责采石头、凿石头。而现在住房在设计和施工上所发生的一系列变化使得这三种传统的手艺人失去了各自的工作。

(一)木匠

在传统的乡村生活中,房屋的建设和家具的制作都离不开木匠。而近些年来,在房屋建设中,金属和塑料制品逐渐代替了木料,直接从市场上购买的现代化家具也代替了木匠手工制作的家具,这使得村庄内部的木匠都没了“活路”。没有“活路”也就意味着没了“饭碗”,必须要改行才能维持生计。

村中单姓是木匠世家。下图是村中单姓的家谱。单姓祖先单广盛最初因为亲戚关系于清朝咸丰九年(1859 年)迁来大寨村。单广盛育有两子,长子单德运,没有在村中留下后代,次子单福运跟随村中闫姓师傅学习木匠手艺并成了远近闻名的木匠。据说单福运天资聪颖,学木匠第二年就掌握了一手好手艺,就能够自己带徒弟了。单福运有 4 个儿子,他又将自己的手艺传给了大儿子(向荣)、二儿子(向文)和三儿子(向武),只有四儿子没有子承父业。在第四代人中,老大的孩子中单立泉当了木匠,但是由于生意减少,后来他改做了瓦匠。老二的孩子单立铜和单立星是木匠,但是现在也已经基本没有生意了。老三的孩子单立举之前也是木匠,但现在开始跑运输了。虽然老四单向斌不是木匠,但是他的孩子却从伯父那里学了手艺当起了木匠,后来木匠生意减少了之后,他开始做塑窗生意,但是后来也转行跑运输了。第四代人中一共有 5 个木匠,但现在他们不是没有生意了就是改行了。

为了解木匠这一行当的兴衰历程,笔者采访了第四代木匠传人单立铜。单立铜今年 70 岁(2017 年),年轻时候跟随父亲单向文学习木匠手艺,在 20 世纪 80 年代初的时候开始了这一行当。据他回忆,在人民公社时期,他的父

亲从事木匠工作，需要将70%的工钱上交给生产队，自己只能保留30%。上交的70%的工钱换成1天的工分，剩余的30%的工钱数目很少，也就是能够买一袋子食盐。于是村民说木匠能够比普通人"多赚一袋子盐钱"。除了记在生产队的工分和归自己所有的"1袋子盐钱"，他们工作的时候每天都能够在主家吃饭，在当时的经济条件下，这也是一项很重要的"收入"。

- 广盛
  - 福运　德运
    - 向斌
      - 立国
    - 向武
      - 立虎
      - 玉晓
      - 立举
      - 立宝
    - 向文
      - 立星
      - 立铜
    - 向荣
      - 立胜
      - 立水
      - 立泉
      - 立健
      - 立钢

木匠世家单家家谱

实行家庭联产承包责任制以后，木匠的收入就完全归自己所有了。在20世纪80年代，木匠每天的工资是四五块钱，他们的主要工作是在盖房子的时候制作门窗和梁杈，以及帮结婚的人家制作家具。随着村民生活水平的提高，结婚时候的家具也置办得越来越齐全。一般村民结婚时候置办的一整套家具包括以下物件：八仙桌、挑山脊、八仙椅、大立橱、小菜橱、梳妆台、高低柜、矮桌子、小圆桌、小椅子、小方桌、床、箱子。这些家具有的是男方准备，有的是女方准备，全部打下来，需要五六十个工。一般是在结婚之前主家先买好木头，然后找到木匠让他们来打制家具。除了支付给木匠工钱，主家还需要每天管木匠吃饭。盖屋的时候也一样，主家先备下木料，然后请木匠来制作门窗和梁杈，每天管木匠吃饭。

到了20世纪90年代中期，这些传统的打制家具变得不再时兴，村民开始从市场上购买成套的家具，木匠于是被村庄外部的家具厂代替了。从市场上购买的家具外形漂亮，更受村民们的欢迎，比较富裕的村民也愿意在家具上破费。而在住房方面，传统的木质门窗则逐渐被铝合金等材料代替，需要木质梁的起脊房屋也逐渐被水泥灌顶的平面屋脊代替。这样，传统的木匠也就彻底失去了用武之地。单立铜告诉我，从20世纪90年代中期开始，他就没有什么"活路"了，只能自己在家种地，偶尔跟着村里的建筑队做做小工。

(二)石匠

村中靳姓的一个家支是石匠世家。如下图靳家家谱所示,“化”字辈的化义、化春、化太和化香都是石匠。尔友一支是幼支,年龄小,辈分大,化香在年轻时跟随比自己年长很多的堂哥化春学习手艺,后来化香又将手艺传给了自己的儿子成宝和成山。而化义、化春、化太的后代没有子承父业。现在成宝、成山都已经 70 多岁了。

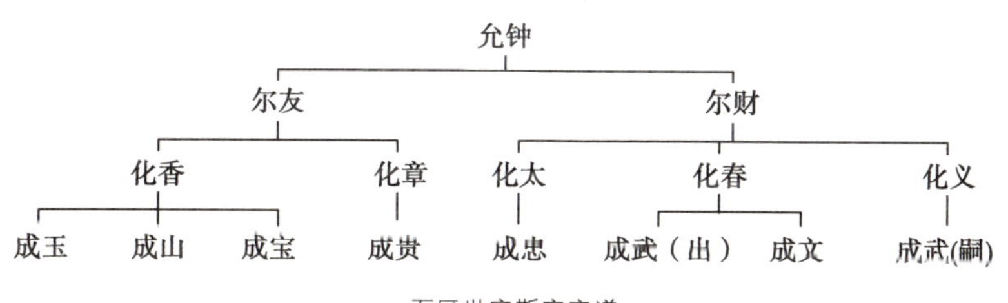

石匠世家靳家家谱

石匠的两项主要工作是修寿坟和盖屋。修一个好的寿坟是非常花费工夫的。据靳成山说,如果主家要求比较高,那么修好一座坟最少要花 100 多个工。修坟要先选石料,用剁斧将石料大致敲打成形,然后用錾子将石料錾平。錾子錾出来的纹路非常细密,细致的石匠在一寸(约合 3.3 厘米)之内甚至能錾出 48 条纹路。如果要在上面进行雕刻,将石料錾平之后还要用磨石进一步磨平。磨平之后的石料上面就可以雕刻花纹和文字了。修寿坟的时候石匠受主家雇请,每天都有报酬。

只有家境相对较好的人家才修得起寿坟,家境贫寒的人往往修不了这么好的坟,甚至会“修急坟”。修急坟就是人去世之后临时修建的坟,一般是用未经仔细加工的石料砌成,丧礼期间的一两天就可以完成。修急坟是不要报酬的,全部是义务工。

现在,村里很少有人修寿坟,而且机器代替了人工,传统石匠的手艺已经派不上用场了。目前制作坟料都是用电动机器切割石料并刻上花纹字样。

除了修寿坟,石匠的另外一个重要任务就是为盖屋准备石料。石料主要是用于修地基。在 1980 年之前,虽然村民盖的是土坯房,但是对地基的石料很讲究,需要石匠仔细打磨得方方正正。地基在地面以下的叫作“土衬

子”，出了地面往上的三层石块依次叫作“腿子”“海满”“尺石”。每一层都用十分平整的石块砌成，尺石上面才是土坯。从这个方面讲，石匠的任务就是起石头，然后将石头打制成盖房子所需的石块。除了地基所需的石块，台阶上的石块也需要石匠打制。

1980年之后，村民对房屋的地基不再那么讲究了，水泥的广泛使用使得地基对石块的要求下降了。这时候打地基使用的石块被称为“方块石”。方块石虽然在形状上比较方正，但是石块的表面却粗糙得多。制作方块石对技术的要求不高，一般人只要稍微熟悉一下都能做得来。另外，炸药的广泛使用也使得石料开采变得更为方便。在没有炸药的时候，开采石料的任务一般是由石匠来完成。靳成山说，那时候开采石料不仅仅是一项力气活，还是一项技术活，不会做的人找不到石头的纹路，不知道从哪里下手，还会耗费更多的力气，而石匠熟悉石头的纹路，能够事半功倍。

传统石基(左)与新兴石基(右)的对比图

水泥和炸药的使用，使得传统的石匠手艺在房屋建设上也失去了发挥作用的空间。实行家庭联产承包责任制之后，靳成山就开始外出打工，他和村里的20多人同在一个石料厂工作。石料厂开采了石料之后，他们将其打制成方块石，厂里再将方块石销往各建筑工地。除了靳成山兄弟二人和村内另外一位陈姓石匠之外，这20多人中的其他人都不是传统的石匠，他们稍微学习学习就可以掌握打制方块石的基本技术。

可以看出，不论是修坟还是盖屋，传统的石匠都没有了用武之地。现在靳成山年纪大了，已经不再外出工作了。他从事石匠时的工具散落在了家里的各个角落，在笔者的要求下他从桌子底下翻出了錾子、锤子、楔子等工具，上面布满了灰尘，而他的“烧瓜锤”(形似烧瓜的大锤)已不知道放在了院落里的哪个角落。这些被遗弃在角落里的工具，记录着一个已经消失的职业。

(三)瓦匠

瓦匠(或称“大工”)的任务是砌墙上瓦。大寨村的瓦匠并没有消失，但是工作的形式却发生了很大的变化。在人民公社时期及以前，瓦匠都是各自工作的，主家盖屋的时候会雇请瓦匠前去工作并支付报酬。与其他工种一样，瓦匠要将工作获得的报酬大部分上交给生产队换取工分，自己只留一小部分。实行家庭联产承包责任制以后，瓦匠都加入了建筑队外出打工。这些建筑队主要是到城市里盖楼房，很少在农村包活干。

笔者采访了一位张姓的瓦工，他今年 40 多岁，从 1990 年前后开始做瓦匠。他首先从做小工开始，后来通过自学成为大工。小工的任务是给瓦工打下手，张某说自己刚开始做小工的时候，经常在吃饭的时间偷偷地学习砌墙的手艺，不到两个月就掌握了砌墙的技术。两个月之后，队长就对他说他不用再当小工了，可以做瓦工的工作了。自学成才的木匠、石匠或瓦匠都被称为“率生子”，意思就是没有经过师傅的指点、自学成才的人。随着现代施工技术条件的提高，建筑工作对个体工匠的技术要求越来越低了，越来越多的工匠都是“率生子”出身了。

张某告诉笔者，现在的瓦工都有国家的评级，他的级别证书上写着“山东省建筑中级技术证书瓦工证”，他的级别是六级，级别最高的是六点八级，最低的是四级。六点八级就是工程师了，四级是壮工，也就是村民口中的小工。超过四点八级就是技工了，即瓦工或者村民常说的大工。

张某所在的建筑队有 30 多人，由一个队长带领，队员包括大工、小工、木匠、架子工、钢筋工等。与传统的木匠相比，现在木匠所从事的工作简单多了，主要就是扎制浇灌混凝土用的“盒子板”。男性小工的日工资是 100 元，女性小工是 80 元；大工则是每天 180 元。农忙的时候，建筑工地招不到人，

工资就要上涨，这时候男性小工的工资能达到每天一百二三十元，大工的工资会达到250元。

张某还说，村民盖房相互帮工的做法在2000年左右就消失了，现在农村盖房子全都是承包出去。2000年之前他还帮街坊和亲戚盖过房子，而且不收工钱。现在，村民除了将盖房子承包出去之外，更多的是选择在县城买房子。

四、变迁与坚守

与大多数中国村落一样，近代以来的大寨村也发生了剧烈的变迁。中华人民共和国建立初期的土地改革以及随后而来的合作化运动和人民公社的建立极大地改变了村落内部主要的财富形式——土地的分配。在一个以农业为主要经济收入来源的时代，这种变动对村落生产生活的影响无疑是巨大的。在1980年之后，随着家庭联产承包责任制的实行，农民逐渐由集体劳动者转变成了市场经济的个体参与者。在这一宏观的历史趋势下，大寨村凭借悠久的商业传统，再次“复活”了村内繁荣的商业活动，大量村民开始从事粮食运输和沙子贩运生意，大寨村的商业活动“复兴”。

与生产活动对应的是村民的消费活动。在传统的农业社会中，小农的生活需要在很大程度上是自给自足，男耕女织的家庭内部分工足以满足农民的基本日常需要。近代以来，农民生活中自给自足的部分与靠市场满足的部分所占比例逐渐开始反转。靠市场满足部分的比重开始变得越来越大，而自给自足的部分变得越来越小。20世纪初期，大寨村村民的生活中出现了大量以“洋”字开头的商品，例如“洋车”(自行车)、“洋灯”“洋布”“洋房”等。这种变化深刻地改变了村民的生活。虽然大寨村村民的生活跟市场的联系越来越紧密，但是在这一过程中有些传统仍然在坚韧地延续着。现在，大寨村的村民对“糟”的生活方式仍然保持着一种严厉的批判态度。所谓的“糟”就是生活不安分，往往出现在个别年轻人身上。他们吃喝嫖赌，糟蹋父母的血汗钱，使得幸福的家庭走向没落。通过村民的态度我们可以看出，村民推崇的仍然是一种“本分过日子”的生活状态。本分地过日子意味着勤恳工作、节俭消费，以积累家庭财富。虽然现在村民的主要收入来源从农业变

为了商业，消费水平也在不断提高，但是这种对生活的认真态度仍然在延续着。这种勤劳和节俭的“农民理性”也是支撑中国经济快速发展，造就“中国奇迹”的重要原因。[①]

① 徐勇：《农民理性的扩张：中国奇迹的创造主体分析——对既有理论的挑战与新的分析进路的提出》，载《中国社会科学》2010 年第 1 期。

第三章 物与记忆

许多物所带来的历史记忆是处于同一个社会中的所有个体所共享的，因此整个社会将这些物划定为“文物”，并通过一定措施保护起来。除了这些国家或社会层面上的文物，许多物的历史价值并非是一个社会中的所有个体所共享的，而是仅仅对社会中的某些群体或者个体具有记忆价值。在张猛导演的电影《钢的琴》中有这样一个情节：一群老工人为了保住要被拆掉的一个烟囱做了种种努力，但终究没有成功。这个烟囱见证了这群老工人一个时代的生活，成为他们生命历程和群体生活的重要见证者，因此对他们来说具有“文物”意义，但是对他们这个群体之外的人来说则仅仅是一个普通烟囱。如果再进一步缩小范围，许多物是个体生命中的重要见证者，而对于其他人来说则仅仅具有普通的意义，这些物就仅仅对这些个体来说具有“文物”价值。

基于以上论述，本章将从村落视角出发，描述与历史和记忆相关的两类“文物”：一种是国家和社会层面的物，主要是齐长城及其重要关口锦阳关。因为大寨村与齐长城紧密相连，成为历史上很多重大历史事件的见证者。另一种则是对大寨村的村民来说具有历史记忆价值的物。这些物长久浸润在村民的生活之中，使得村民对它们产生了独特的情感，这种情感是村庄外部的人所无法体会的。村民们的“独家记忆”附着在这些物之上，使得这些物构成了承载村落历史、村民记忆和认同感的重要载体。

一、历史记忆

(一)齐长城建筑群

齐长城的修建比秦长城要早几百年,堪称"长城之父"。在章丘境内的齐长城,西起垛庄镇腰兹村,东至官庄乡上白秋霹雳尖山,全长60多公里。经过《大寨村志》编纂人员的实地测量,在大寨村内的齐长城有5410米。长城由城墙和城垛组成。城墙的高度视地形起伏而定,由长条形石块垒成,石块沿山脊而上下。城墙的断面一般呈梯形,下宽上窄。女儿墙垛口排列整齐,每个城垛之上都堆有乱石块。墙阴马道依稀可辨,宽5~6米。

关于齐长城的修建时间,学界尚无定论。对于大寨村来说,齐长城的修建时间显得尤为重要,因为大寨村的起源很可能跟齐长城的修建有关。寨,即"兵营"的意思,齐长城建成之后,在重要的关口锦阳关附近定要设立兵营,这可能就是大寨村的起源。本书作者对齐长城修建时间无专门研究,仅对学界的不同观点加以梳理和综述。

齐长城上的女墙(陈正茂　摄)

《管子·轻重丁》曰:“长城之阳,鲁也;长城之阴,齐也。”第一种观点跟这一说法有关,说明齐桓公(前685～前643年)时期齐长城就已经存在。国光红先生秉持齐长城始建于齐桓公时期的说法,但是他认为齐长城修建的目的不是为了军事防御,而是齐国为了防止盐的走私。[①] 然而关于《管子》一书中相关内容的真实性,学术界尚有争论,有人认为有些论述可能是后人追述或者假托所作。[②] 王献唐先生则认为,根据《管子》的论述,虽然不能确定齐长城的修建时间就是在齐桓公时期,但是可以认为是在春秋时期,并且书中指的就是齐鲁交界这一段。[③]

另外几种观点多认为齐长城修建于齐威王(前378～前343年)年间或齐宣王(前342～前324年)年间。认为始建于齐威王时期的观点来自《竹书纪年》的记载。《水经注·汶水注》引《竹书纪年》云:“梁惠成王二十年,齐筑防以为长城。”梁惠王二十年(前350年),即齐威王二十八年(前329年)。认为始建于齐宣王时期的观点则源自《齐记》。《史记·楚世家》张守节《正义》引《齐记》云:“齐宣王乘山岭之上,筑长城,东至海,西至济州,千有余里。”

张维华先生的《齐长城建置考》对齐长城的修建时间作了开创性论述。他辨析了以上说法,认为齐长城西南一段的修建最初是为了济水之防,后来才用于军事目的。建筑时间较早,南界之长城应当建筑于齐威王,东南界长城则应当建于楚人灭莒之后,但是否也同样建于齐威王时期则无法确定。[④] 此一论断较为宽泛,但是较为审慎。

关于齐长城修建时间的另外一个史料来源是屭氏编钟铭文[⑤]中关于齐长城的记载所作出的各种推测,但是由于屭氏编钟铭文的考据疑点重重,故而难以通过铭文给齐长城的修建时间下一个定论。[⑥]

最近几年,随着清华大学战国书简的整理出版,学术界对齐长城的修建年代又有了新的认识。根据由书简整理出的《系年》的论述,晋敬公十一年

---

① 参见国光红:《齐长城肇建原因再探》,载《历史研究》2000年第1期。

② 参见张维华:《中国长城建置考》(上编),中华书局1979年版,第15页。

③ 参见王献唐:《山东周代的齐国长城》,载《社会科学战线》1979年第4期。

④ 参见张维华:《中国长城建置考》(上编),第29页。

⑤ “屭氏编钟铭文”系1928年于洛阳城东金村古墓出土的器铭之一,刘节、吴其昌、唐兰、徐仲舒、郭沫若等人曾对这一铭文进行过研究。金村古墓大致修建于春秋战国时期,对古墓铭文研究的介绍可参考张艳辉:《洛阳金村古墓出土器铭集释》,吉林大学硕士论文,2011年。

⑥ 参见张维华:《中国长城建置考》(上编),第18页。

(前441年),三晋与越国联合伐齐,“齐人焉始为长城于济”[①]。晋敬公十一年为齐宣公十五年(前441年),因此齐长城的修建时间最早应为公元前441年。这一时间早于齐宣王或齐威王时期,晚于齐桓公时期。[②]

《大寨村志》的主编孙继昌先生和执行主编张福成先生对齐长城的修建时间十分感兴趣,他们对其也作了一番考证。如:

> 齐长城的形成,若说齐桓公时期也有道理,管仲为了发展国内经济,在关口两侧垒砌障碍物,以防盐走私也是可能的。与后来成为军事防御工事是两码事。当时齐国是天下老大,怕谁?谁敢惹?到齐顷公十年(前589年)发生了第一次齐晋战争,齐国才真正认识到还有比他强的国家,恐惧感、自卑感、报复心理由此产生。“齐顷公耻其兵败,吊死问丧,恤民修政,志在报仇。”(《东周列国志》第338页)这就是加强南部山区军事工程建设开始的必要性。齐灵公十五年(前561年)齐灭莱,扩大了齐国对南部山区实际控制区域。他秉父报仇之心,继续加强南部防线,到第二次齐晋战争(前555年)才真正显示出这条防御线的军事作用。“却说中行偃……乃传令使鲁、卫之兵自须句取路,使邾、莒之兵自城阳取路,俱有琅琊而入,我等大兵从平阴攻进,约定在临淄城下相会,四国领计而去。”(《东周列国志》第372页)“晋兵东侵至胶,南侵至沂,齐城皆守,晋兵退。”(《齐国重要事件》第275页)晋军为何舍近取远不入锦阳关?他们知道锦阳关有防守!可以这样说,长城以军事目的而修建的话是在公元前589~公元前555年之间,锦阳关周边的烽火台设施及兵营大寨、小寨,也是这个时间段形成的。[③]

按照这一观点,齐长城应修建于第一次齐晋战争开始到第二次齐晋战争开始期间,也就是齐顷公十年(前589年)到齐灵公二十七年(前555年)之间。这种观点虽然没有直接的史料记载,但不失为一种合理的推断。

大寨村的特殊性不仅仅在于其靠近齐长城,更在于其靠近齐长城的关口锦阳关。锦阳关是齐长城的重要关口,是重要的军事要塞和交通通道。

---

① 李学勤主编:《清华大学藏战国书简(贰)》,中西书局2011年版,第186页。

② 参见陈民镇:《齐长城新研——从清华简〈系年〉看齐长城的若干问题》,载《中国史研究》2013年第3期。

③ 张福成、孙继昌:《捻军　齐长城　锦阳关》,2017年6月4日《今日章丘》。

张福成先生对齐长城和锦阳关颇有研究。他认为，锦阳关的修建时间应该不晚于公元前821年。[①]《大寨村志》罗列了春秋时期可能要途经锦阳关的一些重大军事外交事件，在此抄录几条如下：

公元前716年（齐僖公十五年），齐僖公使其弟夷仲到鲁国访问，以巩固友好关系。从临淄到曲阜好走的路是从临淄经防门去曲阜，若是走近路，也是过锦阳关而行。

公元前715年（齐僖公十六年），齐僖公为宋国、卫国两地在温地和好，缔结盟约，捐弃旧怨。温地在何处？一曰洧川，地处现郑州以西。从淄川到郑州应经哪条路呢？从位置上看，路经防门或锦阳关，锦阳关是齐僖公的代表团易行之路。

公元前709年（齐僖公二十二年）正月，鲁桓公亲至嬴地，与齐僖公会，提亲纳币，视常礼加倍隆重。僖公大喜，感其殷勤。嬴：古嬴国，时为齐邑。今莱芜市羊里镇城子县村。齐僖公会鲁齐桓公的行程路线：从临淄到嬴，既不出防门，也不绕穆陵关，非锦阳关而不成行。[②]

锦阳关新建城楼

① 参见张福成、孙继昌：《锦阳关的建置》，2017年1月15日《今日章丘》。
② 孙吉昌主编：《大寨村志》，第95～96页。

由于锦阳关重要的地理位置，春秋时期于此地发生的重大军事和外交事件远不止于以上所罗列的几项，而后来历代的重大历史事件也有与此地相关者。可以说，历史悠久的大寨村必然见证了许多重大历史事件。

除了齐长城和锦阳关，大寨村周围山头遍布，如保安山（大寨围子）、烟火台、摇铳山、火燃台、摇铳池、烟墩等。可以看出，这些山头多以军事用途命名。山头上的军事设施大致可以分为两种，即防御设施和军事信息传递设施。其中保安山上修建有防御设施“围子”，并因此而得名。其他山头的命名则多体现了其传递军事信息的作用。在不同时期，中国古代军事信息的传递有烽火、烟燧、击鼓、摇旗、放铳等不同形式。烟火台、火燃台、烟墩等山头因靠烽火、烟燧传递信息而得名，摇铳池、摇铳山则是因靠摇旗、放铳传递信息而得名。下文分别对这几座山头的基本情况作一下介绍。

在大寨村村域西北角，哈喇沟与大寨河交汇，两者所形成的夹角内部有三座山头。其中，最南边的叫作“保安山”，最北边的叫作“烟墩”，中间的山头没有名字。保安山海拔 399 米，其上建有一座被村民称为“围子”的建筑，因此村民有时候也用“围子”来指称保安山。围子是用石头垒成的环形防御建筑，直径达 64 米，占据了保安山的整个山头。围子四周的墙体厚 2.5 米，并设有东、西、南、北四个门。其中，北门是主门，宽 3 米，南门已经被坍塌的石块覆盖，东、西门内侧均宽 1.7 米。围子内中间顶部现存一圆柱形建筑物，内直径 5.1 米，墙宽 0.7 米，高 2 米，圆柱内部被土石填满，战时用来临时点燃烟火。围子上视野开阔，向北能够望见宽阔的华北平原，往南则可以望见锦阳关及其两侧起伏的群山。

保安山的北面是烟墩，海拔 356 米。烟墩上也建有一个圆形的防御建筑，其直径比保安山围子要小，仅为 30 米。在其内部有一个直径约为 5 米的圆形建筑，也是战时燃放烟火传递信号的。在大寨村除了这两座山头建有“围子”外，其东南方向的石子口村的山头也建有两座围子。其中一座是圆柱体建筑，直径为 55 米；另外一座则是沿山崖而建的长方形建筑。两座围子均是战时防御工事。

从保安山上俯瞰大寨村

被重新修缮的围子入口

除了位于村西的几座围子，其他几座建有军事设施的山头均位于村南齐长城一线。锦阳关以西是海拔525米的南岭子，锦阳关以东和锦阳关东门之间是海拔449米的烟火台和海拔438米的东烟火台，锦阳关东门以东则是海拔503米的摇铳池。烟火台距锦阳关615米，上有一处南北宽15米、东西长20米的建筑遗址。烟火台再往东660米为东烟火台，上有一处南北宽30米、东西长20米的建筑遗址。这些建筑之前的作用应是供驻防士兵起居以及储备传递信号的军事物资。锦阳关东门以东的摇铳池（一座山）因一处泉水池而得名，泉水池旁有一个高 0.6 米、宽 2 米、长 1.5 米喀斯特地貌的山洞，是古代士兵摇旗、放铳及储藏火种、燃物之地。

除了长城一线，在长城两侧的山头上也筑有军事设施。从东烟火台往西北经供铳岭 300 米即是摇铳山。摇铳山有两个山头，南山头海拔 454 米，北山头海拔 436 米。两个山头上都有用统一厚度的粗料石垒砌而成的圆柱体建筑物，内直径为 3 米，墙宽 0.8 米。位于摇铳池南侧的火燃台海拔 639 米，也是传递信号的重要设施。

我们可以设想一下，在战时，一旦发现敌人来犯，以锦阳关为起点敌情则会沿两个方向传递：其一是沿着齐长城的东西方向传递，让齐长城沿线都获悉敌情；其二则是向北方的烟墩传递。今天站在锦阳关下，我们依稀可见战争年代这些烽火台上狼烟四起的情形。

（二）有关战争的记忆

不论齐长城和锦阳关修建于何时，大寨村的历史都与它们有着密切的联系。一方面是大寨村的村域内最早有人定居很可能就是在齐长城的修建之时，另一方面是历史上齐长城的重要防御作用使得这个村庄与战争有着剪不断的联系。

关于清朝晚期“捻军”(1853～1868 年)的传说至今仍然在村民中间流传着。捻军是一支活跃在长江以北皖、苏、鲁、豫四省部分地区的反清农民武装势力。捻，淮北方言，意思是“一股”“一伙”。捻军起源于捻子。地方志中多称他们为“皖匪”。清官方称之为“捻匪”。早期捻子主要是向乡民募捐香油钱，后来也有恐吓取财、勒索等与盗贼无异的现象。越是荒年歉收，入捻人数越多。1851 年，捻军在豫南等地聚众起事。1853 年，太平天国军队经安徽、河南时，捻军纷起响应，开始从分散斗争趋向联合作战，势力日渐强大。

咸丰十一年农历二月十一日(1861 年 3 月 21 日)，捻军一支首领赵浩然率领上万大军自泰安东进，北上锦阳关，被以李维孝为首的民团阻挡，被迫进入博山休整。之后，捻军又从博山山道分三路进入锦阳关里，最终攻破关口。之后，捻军北上攻打章丘城，没有成功，又往东返回了博山大本营。[①] 这

① 参见张福成、孙继昌：《捻军　齐长城　锦阳关》，2017 年 6 月 4 日《今日章丘》。

场对抗捻军的战争给大寨村留下了两个地名，即“毛子岭”和“长尾巴岭”，两者均因为曾有捻军驻扎而得名。

为了防止捻军再次侵扰，章丘境内的齐长城在清代咸丰十一年（1861年）下半年再次加固。这次修建工事由章丘县衙督修，官府调集章丘南部部分村庄的村民历时3个月而修就。修筑公事结束后，立碑4通，其一现在位于大寨村原镇武阁东墙之上（碑文内容见“附录三”）。[①] 这段碑文记载了此次修筑的前因后果，后面罗列了此次修筑工事中捐资人的姓名以及各庄的分工。大寨村与青野、黑峪、田广、三槐树、水龙洞、蒲皇、石子口八村共同修筑了第五段（共6段）。

在村民的记忆中，最近的一次战事则是解放战争时期在大寨村内发生的一次战斗，村民称之为“二月二打大寨子”。现在，村内很多老人在孩童时期曾亲历这场战斗，当时的场景至今记忆犹新。

据村民传说，1947年2月21日（农历二月初一）下午，国民党的一个营从大寨南撤，前队进入锦阳关，后队尚未出大寨村时，突然前队改后队，重新入驻大寨村。经历当时情形的村民都记得，战斗开始之前，国民党军队已在村内驻扎了一段时间，在春节还与村民共同举行“扮玩”活动，军民关系看似十分融洽。但是在战斗开始的前一天，这些士兵对村民的态度突然大变，一个个变得凶神恶煞，强迫村民砍伐村内的树木以设置路障。当时驻东张家胡同的士兵从胡同走时，就有一位村民质问他：“你们咋都把庄里的树砍了挡在山上？”国民党的兵马全部都进入了路障之内，驻于保安山及烟墩的制高点上，并强迫百姓为其在烟墩顶的东侧修一座炮台。

解放军的一支部队则于农历二月初一中午抵达垛庄集结，傍晚时经南明，从蒲皇村匍匐进入大寨村。趁夜幕之际，在东台子一线和东西街临河房屋处固定了射击点。一切准备停当之后，解放军对准围子、烟墩开始射击。位于保安山和烟墩的国民党军队则往下射击。双方激战到半夜仍未分胜负。战事因为解放军的情报计策而发生了转机。最后，除部分国民党军队逃出包围圈外，大部分被歼灭。

“二月二打大寨子”是莱芜战役的重要组成部分。经过4天的战斗，莱

---

① 立碑时间为同治甲子年（1864年），系捻军侵扰（辛酉）三年之后。

芜战役于 2 月 23 日(农历二月初三)结束，共歼敌 2 个军 7 个师 50000 余人。大寨村村民成为这场著名战役的见证者。

据一位李姓村民回忆，战斗发生的二月初二夜里他们一家人正在睡觉，听到机关枪的响声后，他父亲把他和哥哥都带到了窖子里躲了起来。他说当时他很想爬上去看看，因为在窖子里面听不清机关枪的响声。第二天战斗结束之后，村里的小孩都到山上拾子弹壳、炮弹壳，而大人则觉得这些东西太危险，小孩往家里运，大人就往外扔。他还亲眼看到一个士兵因为炮弹走火被炸死。

另外一位曹姓村民则回忆说，当时她和家里人都躲到了一个山洞里。在洞里时，一个年老的村民让她往山洞里面走，说自己年纪大了，在外面死了就死了，而她年纪还小，要在里面躲好。这让她十分感动，也让她第一次领会到了“死亡”的含义。

值得庆幸的是，在这场战斗中，大寨村的村民无一伤亡。有村民记得，当时有一枚炮弹落入了一户人家的院子中，但是碰巧这个炮弹“哑”了，没有造成人员伤亡。有些村民则说，这是大寨村观音庙的菩萨用自己的袍子为大寨村村民挡住了枪炮。

“二月二打大寨子”壁画

从春秋时期齐鲁两国的战争与外交风云到近现代的战争战事，大寨村可以说是阅尽了2000多年的历史沧桑。为了凭古吊今，2017年村里在保安山围子上修建了一座“姜公祠”。

根据村支书孙继昌先生的说法，修建这一祠堂是因为村民在盖房上梁的时候有写“上梁大吉，太公到此”的习俗。村中流传着姜太公曾经视察齐国边界并经过大寨村村域的说法，于是在围子上建立姜公祠就显得必要且合理。姜公祠共两层，第一层的墙壁上画的是姜太公视察边界、村民抗击捻军以及“二月二打大寨子”等历史事件的壁画；第二层用于供奉姜太公。

姜公祠

二、古村记忆

大寨村村民世世代代居住于同一片土地，共同应对生产生活中的大小事件，共同的经历使得他们形成了对村庄的认同。在传统社会中，村落中的公共基础设施往往是靠村民群策群力共同修建的，大寨村保留了很多记录这类活动的碑刻，涉及修桥、修路、挖井、修庙等各个方面。村内保留的这类碑刻中最早的是明万历二十五年（1597 年）的《长泰桥碑》，碑文记录了村民出资出力修缮村内长泰桥的事情。最近的则是 2014 年的《重塑七圣堂神像碑记》以及 2017 年的《重修保安山碑记》。通过这些碑记以及相关历史资料，我们可以看出村内的建筑、道路对村民的历史记忆所具有的不同寻常的意义。

大寨村的碑刻

（一）“阳关大道”

据村内老人回忆，村南井旁边曾有一处历代过往商人修路功德碑群。两侧有对联一副，上联是“化险为夷，周道如砥”，下联是“做事谋始，至诚格天”，横批是“有志竟成”。碑文内容是过往商人以及大寨村和邻村的捐资者名单。捐资者分布范围广泛，遍及周边多个县、市、区，包括章丘、历城、邹平、长山、淄川、恒台、商河、济阳、莱芜、泰安、沂水、新泰、蒙阴、费县、平邑、宁阳、肥城、周村、张店、博山等。

1966 年 10 月，一群从南往北的红卫兵小将看到这片碑群后就将其列为“四旧”之列。正巧当时大寨村第八生产队场院里有垒砌山堰的炮锤、钎子、

撬棍、大锤等，这些红卫兵用这些工具将碑群砸的砸，推的推，碑群就这样全部损毁了。后来村内修建水池，被损坏的碑石又被用来垒砌了井台。2016年前后，部分碑刻残片被挖了出来。

南井碑刻残片

商旅南来北往，留下了许多传说，很多传说至今还在村民中间流传。清朝著名进士张道一就曾经过大寨村，关于他的许多故事至今仍然被村民津津乐道。张道一生于明朝万历三十年（1602 年），卒于清康熙三十三年（1694年），系莱芜市和庄乡张家台人，官至陕西按察司副使。张道一为官正直，为人厚道仗义，颇具传奇色彩。张道一辞官归乡后，往来于京城、济南府、莱芜县之间，一路上留下了许多扶危济贫、行侠仗义的故事。

当地流传着一则讲张道一帮助一个小青年成功“卖”出了一车拃臼[①]的故事。张道一往返于莱芜和京城之间，途径锦阳关附近时停下在路边休息。

① 方言称谓，即用石头做成的捣蒜的蒜窝。

一个卖拃臼的小青年让他帮忙拉车上坡,他爽快地答应了。不巧的是坡太陡,翻了车,拃臼都摔坏了。于是张道一让小青年某月某日推一车拃臼到他莱芜的家里。小青年如约到了之后,才知道这天是张道一的生日。这一天张道一家里宾朋满座,地方上的豪绅、官员甚至京城的官员都来祝寿。张道一让所有宾客每人领了一个拃臼,给了小青年赏钱。就这样张道一帮小青年成功卖出了一车拃臼。①

久远的记忆代代相传变成了传说,而近代以来村民也亲身经历过不少传奇逸事。根据村民的回忆,在解放战争期间,国民党的部队和共产党的部队因为调防执行任务,曾像打拉锯战一样在章莱公路上南来北往。当国民党的军队经过大寨村时,村民就在南、北街上写上"拥护王(耀武)主席,建设新山东"字样;而共产党的部队经过时,村民就将国民党军队的标语抹去,改成"拥护毛主席,建设新中国"字样。后来为了省事,国民党的部队经过时,村民直接将"毛"改为"王",将"中国"改为"山东";共产党军队经过时,就将"王"改为"毛",将"山东"改为"中国"。最后国民党战败,标语改为了"打开济南府,活捉王耀武",并一直保存到中华人民共和国成立之后。

北　街

① 参见孙继昌主编:《大寨村志》,第487页。

连接齐、鲁两国的南北古道途径大寨村内部，也构成了大寨村村内的主干道。村内的这条主干道以长泰桥为界，分成了南街和北街，形成了村民对村落空间进行划分的主要标志。长久以来，南街、北街和长泰桥都是大寨村村内最重要的公共空间。大寨村历史上的村庙都建在长泰桥旁边。

长泰桥

长泰桥在历史上经过多次修缮，村内留存的碑刻记录了村内对长泰桥进行的 4 次修缮。4 次修缮的时间分别是明万历二十五年(1597 年)、清乾隆三十二年(1767 年)、道光十二年(1832 年)和 1913 年。现将 1913 年的碑文内容呈现如下(其他碑文见附录三，其中乾隆三十二年碑文遗失，只可看到捐资者姓名)：

> 孟子曰：岁十一月徒杠成，十二月舆成，此君子随时缮理利济行人者也。我村长泰桥工虽非矩，而南北之通塞系之。其肇造远而难稽，惟然皆重修也。由道光迄宣统元年巳酉，虽阅七十八载之久，大桥固依然无恙。乃六月六日突被大水冲毁，旋以旱蝗为灾，未克修复。庚戌秋岁稍稔复，以冬令沍寒即兴工，无何贽罄工辍，又募往来诸小车得钱一百八十余缗仍未能事。中华民国元年壬子与今岁癸丑连年亢旱，然犹频履亩出资，按户敛财以竭蹶从事。非赖诸君子慷慨不惜财，董事从父老

劬劳不辞瘁，何可得告成功利济行人哉！既而父老以书石之役委予，予固撮其大孔，书之于石以为后世告。

从碑文内容可以看出，长泰桥年久失修，村中善人不忍坐视不管，于是号召村民捐资修桥。村民积极响应，慷慨解囊。除了向村民募集钱款外，村内还向往来行人进行募捐。在村民和过往行人的共同努力下，修缮工事才得以最终完成。

（二）南井

除了南、北街和长泰桥，村中的南井在村民生活中也有着重要的地位，成为大多数村民关于村落生活记忆的重要组成部分，在供给村民水源的同时，也逐渐被赋予了某些象征意义。根据《大寨村志》记载，大寨村的古井共有3处，即后井、北井和南井。后井位于村南侧河边，何时修建已经无从知晓。河中有水时，井就会满水；河中无水时，后井也能维持10天以上有水。现在后井已经淤平。北井位于村北头，相传是中华人民共和国成立前村里一家染坊店自费打的。中华人民共和国成立前后井口旁曾有一块石碑，现在石碑已经遗失。现在，后井和北井在村民的记忆中已经逐渐淡出，而南井仍然被许多村民提起。

南井，又被称为“新井”。清光绪二十六年（1900年）村里人从历城孙村黄露泉请来一位先生，定位了现在南井的位置，之后村里众人集资开凿了此井。负责打井的是当时的庄长黄书占。黄书占其人十分节俭，舍不得吃穿，并因为节俭留下了很多轶事。然而，这样一位对生活十分苛刻的庄长对公益事业却十分热心。据村民相传，凿南井时凿了很深都不见井水，于是大家都想放弃，但是黄书占仍然坚持，他让众人继续开凿，并表示如果继续往下凿还不出水的话，那么多出的这些工钱由他自己承担；如果凿出了水，工钱就由村民平摊。于是，众人继续凿，仅再凿了一尺就见到了井水，而且水源很旺，流了好几天才稳住。

自从南井凿好之后，村民除了夏、秋用河水之外，春、冬就用南井的水，过往商人也都在井边的大槐树下乘凉解渴。在干旱年份，即使周围几个村庄的井水都枯了，南井依然有水。于是，周围几个村庄的人都会来大寨村取水，井边就会排起长长的队伍。村里的人之前还听老人提起过，抗日战争期

间，在大寨村驻扎的日本鬼子会守在通往南井的路边，村里如果有人去挑水，就必须对他们点头哈腰地行礼，否则就会挨枪托。

南井对大寨村村民的生活有着极为重要的意义，也成了大寨村给往来商人留下印象的重要标志物。旧时，村民去井上提水，都是用木筲或铁筲。到井口之后用绳子拴住筲提，然后放入井中取水。南井井口很大，五六个筲同时下井也互不妨碍。拔水时往往是两个人交替拔绳，有时候会有人在后面盘绳，以防绳乱和绳湿。由于长年累月提水，井绳将井口磨出了一道道豁口，深者有 6～8 厘米，至于有多少道村民已经熟视无睹，从未注意过这个问题。南来北往的客商却对井口的豁口十分好奇，常常在井口一道道数。大寨人走到外地的时候，当提到自己是来自大寨村之后，常常会被问及南井豁口的数目，而大寨人往往因答不出而被嘲笑。

村落内部的这些建筑虽然不如齐长城一样建置宏大、历史久远，但却是深入到村民记忆之中，深深影响着村民的认同感。现在在村内基础设施逐渐完善的情况下，村庄的规划又进入了一个新的阶段，即保护和恢复古村落。村书记孙继昌先生说，如果有机会，村里会投资将南街和北街原来的石板路重新挖出来，届时村民记忆深处的古街道也将会重现原貌。

第四章 姓氏宗族

血缘组织是中国农村基层的重要组织。英国人类学家莫里斯·弗里德曼通过对中国东南地区进行宗族的考察而提出了“宗族范式”，在汉学人类学领域影响巨大。中国华北地区由于经常遭遇战乱，宗族组织并不如东南地区那么发达。根据杜靖的研究，华北地区宗族组织中“五服”与“九族”的概念十分突出。[①] 在大寨村也存在同样的情况，在宗族层面上，其并没有共同的仪式活动或者共同财产，而以“五服”为单位的族家则是组织红、白公事活动的重要单位。族家的“首事”在历史上也是村落公共事务的重要参与者。此外，由于历次迁徙，大寨村村内姓氏、宗族繁杂，目前有 25 个姓氏、33 个宗族、46 个族家。

一、宗族来源与居住格局

根据《大寨村志》的统计，现在定居大寨村村内的姓氏有：于、马、王、冯、叶、刘、闫、孙、吕、毕、朱、李、张、陈、郑、单、杨、明、赵、黄、曹、袭、鲁、靳、韩 25 姓。因原迁地不同，同一个姓氏可能又分成了不同的宗族，出现了“同姓不

① 参见杜靖：《九族与乡土——一个汉人世界里的喷泉社会》，知识产权出版社 2012 年版，第 464 页。

同宗"[1]的状况。大寨村目前共有33个宗族。33个宗族分别是于、马、王家坞王、漯河王、相公庄王、冯、叶、章丘城刘、东酒坞刘、闫、孙、吕、毕、泰安朱、上游朱、李、铜佛张、张家庄张、樊家庄张、济南陈、窑头陈、埠村陈、郑、单、杨、明、赵、黄、曹、袭、靳、鲁、韩。各个宗族的基本情况如下:

1. 于姓

于姓在村内共有3户[2],是户数较少的姓氏。相传于姓先祖由章丘区普集镇于家庄迁往文祖镇朱公泉村,清光绪末年于奎堂由朱公泉迁到大寨村,到目前于姓在大寨村已历5代。由于户数较少,无法构成一个宗族,因此只能将大寨村的于姓看作属于其来源地朱公泉村的宗族的组成部分。相传,于姓最初是作为村内樊家庄张的女婿来到大寨村的。樊家庄张祖辈的一位女性嫁到了朱公泉村,因为朱公泉村用水不方便,她便跑回娘家不想回去了。她的父亲没有办法,只好在大寨村置办房屋,让她和她的于姓丈夫来大寨村居住。

2. 马姓

村内马姓仅有1户,于清光绪三十四年(1908年)从大寨村所在文祖镇相邻的垛庄镇蒲皇村迁来,在大寨村已历4代。

3. 王家坞王

村内王家坞王共有9户人家。王家坞王在明初由河北枣强迁到章丘区圣井镇王家坞,后又从王家坞搬来大寨村居住,在大寨村已繁衍20代。记录王家坞王迁徙的谱碑被毁于"文化大革命"期间,所以第一个迁到大寨的先祖(下文简称"迁祖")的名讳已经无从考证。

4. 漯河王

漯河王在村内共有94户。据王氏族人介绍,漯河王在明洪武年间(1368～1398年)从山西洪洞迁来章丘区辛寨乡漯河崖村,后又迁居章丘城东关王家巷。根据现有资料可以推断,漯河王应是分两次迁入大寨村的。王姓八世祖王志在明崇祯年间(1628～1644年)至清顺治年间(1644～1661年)入住大

---

① 兰林友:《同姓不同宗:对黄宗智、杜赞奇华北宗族研究的商榷(上)》,载《广西民族学院学报》(社会科学版)2005年第5期。

② 各族基本情况的资料主要来源于《大寨村志》第73～84页,各族户数是作者2014年底统计的结果,与《大寨村志》2009年所做统计结果有差异。

寨村，后又有王和在清光绪年间（1875～1908 年）从城南牛牌庄进入大寨村定居，其与王志一支联宗，共同形成了现在的漯河王一族。

5. 相公庄王

相公庄王目前在村内共有 5 户。根据相公庄王的《王氏家谱》记载，明洪武二年（1369 年）王姓由山西洪洞县迁至章丘相公庄，后来先祖王文英在清乾隆年间（1736～1796 年）由相公庄迁来大寨村定居。自从王文英来大寨村定居，相公庄王在村内已历 11 代。

6. 冯姓

冯姓现在在村内有 7 户。冯姓迁祖冯曰义本是大寨村邻村青野村人，在清光绪四年（1878 年）因为亲戚关系在大寨村从事糕点制作，后来就在大寨村定居，到现在已历 5 代。

7. 叶姓

叶姓在村内现在有 5 户。大寨村叶姓九世祖叶玫、叶璋于乾隆三年（1738 年）从章丘相公庄镇牛推官庄迁来大寨村，距今已历 11 代。

8. 章丘城刘

章丘城刘目前在村内有 24 户。据刘氏族人介绍，刘姓最先迁居于章丘城西北隅，后迁至垛庄镇南明村，后来一世祖刘玉在清乾隆年间（1736～1796 年）迁至大寨村，至今已历 11 代。

9. 东酒坞刘

根据《刘姓家谱》记载，刘姓始祖兴公受迁发之令，由北直隶州枣强（今河北省枣强县）迁居章邑城南东酒坞（今章丘区双山办事处东酒头村）。六世祖乐先、乐中又迁往木厂涧。十二世祖廷和、廷义、廷裕于清嘉庆年间（1796～1820 年）迁来大寨村北街刘家胡同居住，至今已历 8 代。

10. 闫姓

大寨村闫姓目前有 9 户。闫姓始祖闫娄、闫号在清康熙二十年（1681 年）由平陵闫家庄（现为章丘区龙山街道办事处）来大寨村定居，至今已历 13 代。

11. 孙姓

大寨村村内孙姓共有 82 户。据《孙氏族谱》载，孙氏家族原居住在北直隶真定府枣强县（今河北枣强）孙家镇，明永乐年间（1403～1424 年），始祖

晟、呆、暴三人迁居今章丘区文祖镇文祖村。后来孙氏长支部分族人分两次迁入大寨村居住。其中,长支四支六世祖可学于清康熙二十五年(1686 年)来大寨村定居,至今已历 13 代;长支之长支十一世祖于清乾隆五十九年(1794 年)来大寨村定居,至今已历 9 代。现在村内孙姓与文祖镇的孙姓仍然保持着联系,并在近些年一起编纂了族谱。

12. 吕姓

大寨村村内吕姓共有 6 户。村内吕姓祖先吕延聚本是章丘南部的莱芜市北江水沟村人,在民国时期因在大寨村的“德士古洋行”学做买卖而定居大寨村,至今已历 4 代。

13. 毕姓

大寨村村内毕姓共有 9 户。村内毕姓最初的来源是淄川,毕姓祖先因避战乱迁往莱芜市,后又辗转于清光绪二十四年(1898 年)迁来大寨村定居,自迁祖毕登远至今在大寨村已历 6 代。

14. 泰安朱

大寨村村内泰安朱共有 3 户。先祖朱玉德因为做生意于清光绪五年(1879 年)由泰安朱家庄迁来大寨村定居,至今已历 6 代。

15. 上游庄朱

大寨村村内上游庄朱共有 1 户。先祖朱本林因为做买卖于清宣统元年(1909 年)由莱芜上游庄移居大寨村定居,至今已历 5 代。

16. 李姓

大寨村村内李姓共有 13 户。李姓是大寨村内居住历史最长的姓氏之一,村内保留的明嘉靖三十一年(1552 年)、明万历二十五年(1597 年)、明万历三十一年的(1603 年)、明万历四十二年(1614 年)的碑文上均有李姓先祖的名字。根据《李氏族谱》的记载,始祖李善之于明永乐二年(1404 年)由河北省枣强县迁入章丘城,后一甲七世祖李九思迁入大寨邻村黑峪村定居,十二世李盘于清雍正八年(1730 年)从黑峪村迁入大寨村定居,与原住大寨村的李姓联宗,统一了辈分。[①]

① 原住迁来时间已不可考,联宗后两者已经无法区分开来。

17. 铜佛张

大寨村村内铜佛张共有 80 户。明洪武二年(1369 年)至永乐十五年(1407 年)张氏祖先自山西洪洞迁到河北枣强县,后又迁入章丘城北大张家庄。移民之后,为了防止以后再次迁徙不能相认,族人铸造了铜佛十八尊,由迁徙者带出作为以后相认的信物,故这一张姓宗族被称为"铜佛张"。村内有一通 1936 年的碑刻,内容如下:

闻之根深者枝必茂,源远者流必长,以千古不易之理也。今大寨庄张氏,自章丘城北张家庄迁移以来不知几世,惟庄西湖洼子墓八冢、龙湾墓四冢,亦不知孰先孰后,俱已失传。我本支有智分居于南首,葬于庄东李园,并无碑可考,势将紊乱,今聚族共议,讳失者缺之,以明其慎知者备述之,以昭其明,各以尽敬宗之仁,俾后世有所遵循,亦为本木水源之助云尔。

在编写家谱的过程中,张氏族人经过多方考证,认为张氏应该是在清康熙四年(1665 年)由九世祖永福领四弟永弼、五弟永良来到大寨村。乾隆三年(1738 年)十一世祖尔荣去莱芜打工,后定居在莱芜市雪野镇北白座峪村。自从迁徙之后,各支辈分的沿革均已不同。2007 年,大寨村铜佛张进行了修谱,与张家庄和北白座峪的张姓都接续上了辈分。

18. 张家庄张

大寨村村内张家庄张共有 57 户。根据光绪十五年(1890 年)的碑刻,张家庄张迁祖的名讳已不可考。碑文内容如下:

张家庄迁居以来,至今数世,并无碑记考其始祖之讳,远莫能识,良以谱系未修所由,遗忘耳。且有东台子孤坟一冢,现在张毓厚地内,北焦子孤坟一冢,现张庆智地内,均莫能传其讳字。于此不有碑碣以志之,何以世系不紊,支脉由分乎?兹故鸠工勒石已往者著明,俾来者悉识,即代远年迁居庶乎,条分缕析乎。

据族人讲,其先祖迁来大寨村定居的时间大概是在清康熙年间(1662～1722年),从"秀"字辈往上算起,至今已历 11 代。据传,张家庄张在历史上也发生过连宗,系两个张姓珠联璧合,统一了辈分,共同形成了如今的张氏宗族。

19. 樊家庄张

樊家庄张在村内共有 39 户。张姓先祖明初由山西大同迁到河北枣强，后又迁到章丘城东，后又迁至城南樊家庄。后十五世祖张丰年于清雍正年间(1722～1735 年)由章丘城南樊家庄(今属章丘区明水街道办事处樊家庄)迁来大寨村定居，至今已在村内繁衍 22 世。

20. 济南陈

大寨村村内济南陈共有 82 户。根据清光绪三十一年(1905 年)的陈宝碑记载，“大寨陈氏自丙川公从济南南关迁居而来”。据清同治六年(1867 年)“丙川”之碑记载，济南陈在村内“南磨子”设有坟茔。可见，济南陈自从明朝期间就已经在大寨村居住。明朝万历四十二年(1614 年)碑文上的陈姓 4 人即是该族先人之名讳。

21. 东窑头陈

大寨村村内东窑头陈共有 59 户。明洪武到永乐年间(1368～1424 年)，先祖陈得新自河北省枣强县迁至章丘城南东窑头村定居，后九世祖先玉于清康熙年间(1662～1722 年)移居大寨庄北街居住，到现在已历 17 代。

22. 埠村陈

大寨村村内有埠村陈 30 户。据族人陈先道介绍，埠村陈原籍是章丘区埠村南门李家胡同南首，先人陈宗玉于清康熙年间(1662～1722 年)从埠村迁来大寨村。从陈宗玉算起，埠村陈在大寨村村内已历 13 代。

23. 单姓

村内单姓共有 7 户。根据三德范村《单姓族谱》记载，单姓自明朝万历年间(1573～1620 年)由江南凤阳府迁居济南府章丘城南三德范村。十一世祖单广盛因亲戚关系于清朝咸丰九年(1859 年)自三德范来大寨村落户。单家族人迁来大寨村之后，世代从事木匠工作。

24. 杨姓

村内杨姓现有 10 户。根据杨姓家谱记载，世祖进德从刁镇韦陀庄迁于圣井镇西张官庄，四世祖洵于清康熙五十年(1712 年)左右迁来大寨村庙东侧定居，至今已历 11 世。

25. 明姓

大寨村村内有明姓 29 户。明姓原居住地是埠村镇苏家滩，后来先祖从埠村苏家滩迁至文祖镇青野村，二世祖明继总于清顺治年间（1644～1662年）由青野村迁来大寨村定居，至今已历15代。

26. 赵姓

大寨村村内有赵姓45户。根据朱家峪《赵氏族谱》记载，赵氏祖先自河北省迁至章丘城东关，后又迁至北涧溪（现属明水办事处），后又迁至朱家峪（现属官庄乡）。根据大寨村《赵氏族谱》记载，八世祖赵武、赵文兄弟两人自清乾隆八年（1743年）由朱家峪迁出，赵武迁至大寨村南首河东居住，赵文迁移至青野村。从赵武算起，赵氏已在大寨村历13世。

27. 黄姓

黄氏是大寨村村内人数最多的宗族，有133户。根据清同治二年（1863年）碑记，明万历年间（1573～1620年）黄姓在村内已传4世，甫松生钦，钦生进芳，进芳生禹治，禹治之后杳无可考。碑文内容如下：

> 盖闻世代相传必由世系而继序，不忘端在本，本源者世系之所以相沿，而子子孙孙于以用承者不替者也。大寨黄氏者，口传自历代居章，其世系本源实无可考，古碑有载，万历年间所传四世，一名甫松，配于氏生子名钦，钦配张氏生子长名进芳，次名进芝，进芳生子名禹治，禹治之后杳无可稽。良以族中只知服田力穑，子孙未晓诵诗书，是以典未能数而其祖遂忘耳，兹馆舍其家，有东西之义，共向余所作图，叙表诸碣石，为用承年代之谋，于是即其所能记忆者，聊次梗概，以昭兹来许云。

可见黄氏谱系在清同治年间（1862～1874年）已经难以接续。据黄氏族人传说，黄氏世祖来自章丘城东北隅黄家大湾，但是这在族谱上已经无法与迁源地接续。同治二年（1803年）碑文所载“甫松”是来大寨村定居的黄氏始祖，迁居时间在明朝成化年间（1465～1487年）。黄氏在大寨村至今已历20余代。

28. 曹姓

曹姓在大寨村村内有13户。相传，曹姓世祖自烟台领二子携族谱来章丘时，一子留在了明水镇横沟村，其本人另带一子来大寨村定居。据清光绪三十年（1904年）的曹家碑记载，《曹姓族谱》在咸丰年间（1850～1861年）捻军入侵时失传。明朝万历四十二年（1614年）在大寨店碑文上即有曹姓名字8人，可见其在当时算是一个大族。

29. 袭姓

大寨村村内袭姓仅有1户。清光绪年间(1875～1908年)大寨村将邻村西田广村的袭元英请来主持庙务,后袭元英在大寨村定居,到现在已历4代。

30. 鲁姓

大寨村村内鲁姓有3户。鲁姓先祖鲁天吉自清乾隆四十七年(1782年)从章丘城北鲁家园村来大寨村定居,至今已历10世。

31. 靳姓

大寨村村内靳姓有25户。根据族谱记载,十二世祖靳延祥、靳延祯、靳延瑞兄弟三人于清朝乾隆年间(1738年)从文祖西王黑村来大寨村定居,至今已历11代。

32. 韩姓

大寨村村内有韩姓1户。1985年邻村东田广村韩云第因工作原因来到大寨村,后在村内定居。

33. 郑姓

大寨村村内有郑姓1户。郑宪田于1987年从文祖镇水龙洞村迁来大寨村,居于南街西坡。

大寨村的宗族在迁居大寨村初期都是聚族而居的,这一特点可以通过不同宗族在不同生产队的分布情况看出来。下表展示了不同宗族在不同生产队的分布情况。

不同宗族在不同生产队的分布情况表

单位：户

姓氏 \ 队别	1	2	3	4	5	6	7	8	9	10	11	12	13	14	15	16	17	合计
于姓	0	0	0	0	0	0	0	0	0	0	0	0	0	2	1	0	0	3
马姓	0	0	0	0	0	0	0	0	0	0	0	0	0	0	0	0	1	1
王家坞王	0	3	0	0	0	0	0	0	0	0	0	0	0	4	0	0	0	7
漯河王	0	2	4	0	0	0	8	5	0	19	3	24	17	1	0	8	3	94
相公庄王	2	3	0	0	0	0	0	0	0	0	0	0	0	0	0	0	0	5
冯姓	0	0	0	0	0	0	0	0	0	0	0	3	4	0	0	0	0	7
叶姓	0	0	0	0	0	0	0	0	2	0	0	0	0	0	0	0	3	5
章丘城刘	0	0	0	8	0	7	0	0	4	0	0	0	0	0	0	0	5	24
东酒坞刘	0	3	0	0	0	0	0	0	0	0	0	0	0	8	0	0	0	11
闫姓	0	0	0	0	0	0	0	3	0	0	0	0	0	0	0	6	0	9
孙姓	14	6	1	9	5	8	0	14	1	0	0	0	0	15	9	0	0	82
吕姓	0	0	0	0	0	0	0	0	0	0	0	0	0	0	0	6	0	6
毕姓	0	0	0	0	0	10	0	0	0	0	0	0	0	0	0	0	0	10
泰安朱	0	0	0	0	0	0	3	0	0	0	0	0	0	0	0	0	0	3
上游朱	0	0	0	0	0	0	0	0	0	0	0	0	0	0	0	0	1	1
李姓	0	0	0	0	0	0	3	0	0	2	1	0	5	0	2	0	0	13

续表

姓氏＼队别	1	2	3	4	5	6	7	8	9	10	11	12	13	14	15	16	17	合计
铜佛张	0	0	6	16	0	50	5	0	0	0	0	3	0	0	0	0	0	80
张家庄张	0	1	6	0	0	0	2	7	0	0	0	0	15	8	3	15	0	57
樊家庄张	0	0	0	0	0	0	0	0	0	0	39	0	0	0	0	0	0	39
济南陈	0	0	0	0	0	0	0	0	0	0	30	0	30	0	22	0	0	82
窑头陈	0	0	0	0	0	0	0	0	0	3	0	29	0	22	5	0	0	59
埠村陈	0	4	15	0	0	0	3	0	5	0	0	0	0	0	0	1	2	30
郑姓	0	0	0	0	0	0	0	0	0	0	0	0	0	0	0	0	1	1
单姓	7	0	0	0	0	0	0	0	0	0	0	0	0	0	0	0	0	7
杨姓	0	0	0	0	0	0	0	0	0	10	0	0	0	0	0	0	0	10
明姓	0	0	0	0	0	0	0	0	0	10	0	12	0	0	17	0	0	39
赵姓	0	0	0	0	45	0	0	0	0	0	0	0	0	0	0	0	0	45
黄姓	13	11	10	16	0	5	9	15	33	0	0	0	0	2	0	3	16	133
曹姓	3	0	0	0	0	0	0	5	2	0	0	0	0	0	0	0	3	13
袭姓	0	0	1	0	0	0	0	0	0	0	0	0	0	0	0	0	0	1
靳姓	0	0	0	0	0	0	0	0	0	0	0	0	0	3	22	0	0	25
鲁姓	0	0	3	0	0	0	0	0	0	0	0	0	0	0	0	0	0	3
韩姓	0	0	0	0	0	0	0	0	0	1	0	0	0	0	0	0	0	1
合计	39	33	46	49	50	80	33	49	47	45	73	71	71	65	81	39	35	906

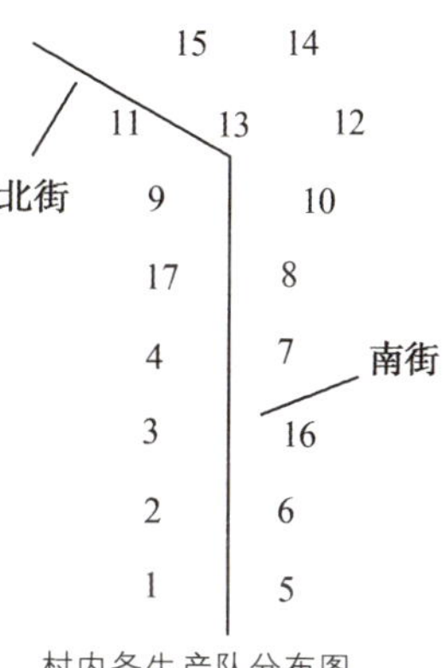

村内各生产队分布图

生产队是人民公社化时期村民进行集体生产的单位。家庭联产承包责任制实行以后，生产队的功能消失，但是在大寨村它作为村民土地调整单位仍继续存在着，也就是说，大寨村生产队的影响至今犹在。现在，由于楼区的建设等，这种宗族聚族而居的格局虽然在一定程度上被打破，但通过了解不同宗族在不同生产队的分布情况仍能了解大寨村村民的基本居住特点。这样，结合村内各生产队分布图可以看出，铜佛张基本分布在第4生产队和第6生产队，他们聚居的两个胡同分别被称为“东张家胡同”和“西张家胡同”。两条胡同呈东西走向，分别位于村内主干道南街两侧，隔街相望。樊家庄张则全部在第11生产队，他们沿着村主干道北街两侧分布。孙姓一支集中在村南的1、2、4、5、6生产队，村民习惯称之为“南头姓孙的”；孙姓另外一支分布在8、14、15生产队，村民则习惯称之为“北头姓孙的”。

二、族家的作用及其数量变迁

宗族中，人数较多的又分为被当地人称为“族家”（家族的方言形式）的组织。族家大致以五服为单位。据作者统计，如果以是否在一起参加白公事作为划分族家的标准，大寨村目前共有45个族家。不同宗族的族家数目分布如下：黄6个、漯河王4个、孙4个、窑头陈5个，济南陈、铜佛张、张家庄张、赵、樊家庄张各2个，明、埠村陈、靳、章丘刘、曹、李、木场刘、毕、王家坞王、闫、冯、叶、单、相公庄王、杨各1个，上游朱和泰安朱以及吕共同组成1个。这45个族家中，户数最少的是5户，最多的是铜佛张的一个族家有66户，平均户数约为20户。

大寨村村内保留了一通清朝末年的《戒赌碑》，这通碑刻立于光绪九年（1883年），是村民为了制止村内的赌博风气而立。碑文内容如下：

正面：

钦加同知衔蒙阴县调署济南府章丘县正堂加七级纪录十次乔为出示晓喻严禁以安良民而端风化事。据明四里大寨庄民陈方美、赵殿文、

张怀瑛、王茂、孙发清、黄书田、王和、闫佩福等呈称，切身等庄业习耕织，风尚俭朴，由来已久，惟恐奢华之辈不事农业，设局赌博。此风一开，无弊不出，洵为可恨。身等公立条规，凡在庄中无论老幼贫富，不惟不准设局合赌，即掷骰斗牌些屑小博凡称为赌钱之事皆列禁止。条内一概不准，倘有故犯，定行送官究治。叩恳！

仁台恩准，出示勒石以垂久远，均感无极。等情到县，据此除呈批示外合行出示，严禁为此，示仰该庄人等知悉。自示之后，尔等勤厥职，安分守业。倘有无知之辈仍蹈前辙，局赌妄为，一经查出或被告发，定行按律究办。本县言出法随，决不宽宥，万勿视为具文，自罹法网，各宜凛遵毋违。特示。

告示　右仰知悉　遵

光绪九年一二月十四日示

寔贴大寨庄

反面：

戒赌十条

一坏心术，二丧品行，三伤性命，四玷祖宗，五失家教，六荡家产，七生事变，八离骨肉，九犯国法，十遭天谴。庞德公诗曰：凡人百艺好随身，赌博场中莫去亲。能使英雄为下贱，惯叫富贵作饥贫。衣衫蓝缕亲朋笑，田地消磨骨肉嗔。不信但看乡党内，眼前衰败几多人。

各族首事

王茂、张庆龄、马振江、黄庭、赵希孟、陈京泮、叶训、张庆礼、陈方平、王清春、王际亨、李彦、黄书绅、刘思聪、曹宝、陈福元、孙汝香、黄坤、明廼勤、王清福、张怀珠、李文魁、靳茂盛、鲁士朋、闫佩福、张传贵、王克玉、孙恒祥、王尔经、陈凤鸣、杨万忠、刘克玉。

如有地棍酒徒匪人嚼街骂巷公议送官纠制

业儒　张怀瑛　书

石匠　李玉平　张万康　李云珍　曹相荣

公立

碑上刻有村内各族首事的名字，共有 32 人。由于同一个宗族会出现一个以上的姓名在碑上，因此我们可以得知，这 32 位各族首事不是宗族的族长，而是比宗族更小的单位，即族家的族长。32 位族长发挥着类似现在的村民代表的作用，共同制定了一项对整个村落都具有约束力的“禁赌约定”。可见，当时以族家为单位的宗族力量在村落自治中发挥着重要作用。

随着时代的变迁，国家权力不断向下延伸，村落基层的自治机构与国家政权的联系变得日益紧密。族家在基层自治中的作用逐渐减弱，但它们在红、白公事中具有的仪式功能却一直得到了保留。从大寨村族家的目前状况来看，举行红、白公事是族家最主要的功能，而这种功能的发挥也影响了族家的分裂以及合并。

由戒赌碑上的各族首事的姓名我们可以看出百年来大寨村族家数量发生的变化。碑上的 32 位首事姓名意味着当时有 32 个族家。这 32 位首事中，除马振江、陈福元两人外，其余人根据大寨的族谱资料和各姓氏实行的辈分，都可以确定为是大寨村村民的先辈。大寨村现在的马姓是在戒赌碑之后迁来的，而戒赌碑上的马姓已经迁走。在陈姓(包括埠村陈、济南陈和窑头陈)的先辈中未发现陈福元的姓名，也未发现“福”字辈的。因此这个牌上陈姓群体可能已经迁走或无嗣，没有在大寨村留下后代。剩余的 30 位首事所代表的 30 个族家涉及当下大寨村 33 个宗族中的 22 个。这 22 个宗族中有 9 个发生了裂变，剩余 13 个没有发生裂变。

族家的裂变在红公事上和白公事上并不总是一致的。有的族家在白公事上虽然仍在一起，但是在红公事上已经分成了不同的群体，因此族家的裂变需要从红公事和白公事两个方面进行区分。9 个宗族的具体裂变情况如下：

戒赌碑上族家的裂变情况表　　单位：户

	黄	漯河王	孙	明	樊家庄张	铜佛张	窑头陈	济南陈	赵	合计
戒赌碑	3	3	2	1	1	1	1	1	1	14
红公事	6	4	4	4	3	2	5	3	2	33
白公事	6	4	4	1	2	2	5	2	2	28

9个宗族在戒赌碑时期共分为了14个族家。从不同族家裂变的具体情况来推断,当时14个族家在红、白公事上应该是重合的。而现在从白公事上来看,14个族家已经裂变成了28个群体,从红公事上来看则裂变成了33个群体。其中,红公事和白公事的裂变出现不一致情况的宗族有樊家庄张、明、济南陈3例。现将发生裂变的9个宗族的具体情况介绍如下①:

黄姓 根据村内保留的清同治二年(1863年)黄氏谱碑的记载,黄氏共分了5支。一支和二支无后,现在大寨村的黄姓都是三支、四支和五支的后代。其分裂的节点是一世运升(三支)、绪升(四支)、开升(五支)三个兄弟。目前,三支和五支分别构成了1个族家,四支分成了4个族家,它们共同组成了现在黄姓的六个族家。四支四个族家裂变的节点是绪升的4个儿子,即财、锡、福、足。戒赌碑上黄姓的姓名有黄坤、黄书绅、黄庭三人,说明当时黄姓分成了3个族家。而在戒赌碑设立之后,黄姓的族家由3个裂变成为5个。笔者访谈了黄姓目前在世的最大的一位89岁的老人,但他无法记起何时发生的裂变。因此可以推断,在这位老人出生之前或者已经出生但尚未记事之前,即1863~1930年间,黄姓就已经发生了裂变。

漯河王 此姓氏在大寨村有2个大的分支,分别是八支王志和六支王讷。王讷的一支在戒赌碑上的姓名是王尔经,说明当时是一个族家,现在他们仍然是一个族家。王志一支在戒赌碑上的姓名是王茂和王际亨,说明当时是分了2个族家。其中王茂所在的族家未发生裂变,王际亨所在的族家裂变成了2个,所以漯河王目前有4个族家。王际亨一支分裂的节点是在十五世秉政的4个儿子,即磬、愈、忍、懃。现在愈的后代形成了一个族家,红、白公事在一块做,而磬、忍、懃的后代人数较少,共同构成了一个族家,红、白公事在一块做。据族人说,2个族家大概是在40年前分开的。

孙姓 孙姓是从同一个地方分两次迁入大寨村的。根据族谱资料的记载,明朝永乐年间,孙姓先祖从河北枣强迁到章丘县文祖村,后来六世可学和十一世发源分别在清康熙二十五年(1686年)和乾隆十九年(1794年)迁入

① 9个宗族中,孙、赵、铜佛张有近10年新编的族谱,黄姓、济南陈各有一份新编族谱的草稿,漯河王目前正在编写新的族谱,明姓、东窑头陈各有一份清末民初时期的老族谱,樊家庄张没有族谱资料,本书作者靠访谈族内知情的老人编写了一份他们的族谱草稿。在此谨向族谱资料的提供者致谢。

大寨村。戒赌碑上的2个孙姓名字分别属于这2个分支，这说明当时两支构成了2个族家。而现在2个分支都发生了裂变，分成了2个族家。可学后代族家的裂变发生30多年前一个族人的婚礼上，当时大家觉得红公事上人太多了，于是就商量着分开办，裂变的节点是在十一世发青、发玉兄弟两个。发源后代的族家，形成了另外一个大分支，现在这一分支也成了2个族家，裂变的节点是在十二世如盟、如魁两兄弟，据说分开的具体时间是在20多年前的一个族人的葬礼上。

明姓 在戒赌碑上，明姓只有1个名字，这说明当时只有1个族家。现在白公事上他们仍然在一起，但在红公事上则分成了4个族家。4个族家裂变的节点是在七世“天”字辈的天宝、天财、天增、天仲四人。其中，天宝、天财、天增三人是胞兄弟，而天仲与他们三人是再从兄弟。据族内一位老人介绍，在20世纪六七十年代时，几个族家还在一起办红公事，在20世纪80年代就分开办了。这位老人说：“在红公事上，本来街坊来吃饭的只有2桌人，可是加上族家里的人就要5桌了，负担太大，于是大家就商量着4个分支以后分开办红公事了。”所以，明姓从白公事上来说还是一个族家，但从红公事上来说，内部则出现了4个裂变群体。

樊家庄张 在戒赌碑上这一群体只有1个姓名，这说明当时只有1个族家。现在，他们在白公事上分成了2个族家，在红公事上则分成了3个族家。白公事上的2个族家分裂的节点是在十六世国松、国章兄弟两个。国松的后代在白公事和红公事上都一起。国章的后代在白公事上一起，但是在红公事上则分成了2个群体，分裂的节点是在十八世希荣、希屏、希聪三个兄弟，希荣和希屏的后代共同办红公事，而希屏的后代自己办红公事。国松支和国章支在白公事上分开大概是在20年前，红公事也同时分开。国章支在红公事上分开则是在10多年前。

铜佛张 据族内老人介绍，现在的两家本来是一家，是在70多年前分开的。当时两家各有一个女孩出嫁，于是2个分支就各自办了，从那之后，他们就分成了2个族家。两支分裂的节点是在十三世有智、有让兄弟两个。

东窑头陈 在戒赌碑上，这一姓氏只有一个名字，这说明当时他们还是1个族家，而现在则分成了5个族家。据族人介绍，5个族家大概是在20世纪50年代一个族人的婚礼上形成的。当时主家煮了一锅猪杂碎来招待客

人，但是由于族家里人很多，都来帮忙，一下子就把菜吃没了，结果第二天就没菜了。因为帮忙的比客人还要多，大家就商量着分开了。

济南陈 在戒赌碑上，此姓氏只有1个姓名，这说明当时他们只有1个族家。现在，他们在白公事上分成了2个群体，在红公事上分成了3个群体，裂变的节点是在六世恺、福、禄三人。其中福、禄是胞兄弟，恺与他们两人是堂兄弟。现在福的后代构成1个族家，红、白公事都在一起。恺的后代人数较少，所以跟禄的后代一起做白公事，而在红公事上他们又分成了2个群体。其中恺的后代和禄的一个孙子光德的后代一块做红公事，禄的另外一个孙子光兴的后代构成了另外一个共同办红公事的群体。当时分开的具体情形已经无人记起，只知道大概是在20世纪40年代前后分开的。

赵姓 在戒赌碑上，这一姓氏只有1个姓名，这说明当时只有1个族家。现在，他们则分成了2个族家，分裂的节点是在十二世殿荣和殿鳌两个堂兄弟。据一个70多岁的族人介绍，自从他记事起，2个族家就已经开始分开办红、白公事了，因此裂变的时间应该在70年之前，即在1949年之前。

族家的主要活动是办红、白公事，因此其裂变的原因也就需要从中寻找。正如上文所说，在白公事中，整个族家中的每户都要有一个晚辈来"送浆水"。在村民的观念中，"五服"的范围是是否来"送浆水"的标准。随着族家世代的继替，人们之间的血缘关系变得越来越远，这样族内一块"送浆水"的单位就会根据亲疏远近裂变成为不同的群体。在具体的实践中，这种裂变似乎有一些"惰性"，在超过"五服"之后，人们往往还会继续"送浆水"。如果族内人数较少，那么相互之间大家就会显得更亲近，即使远超过了"五服"也会继续一块"送浆水"。通过上文对21个族家的统计来看，族内最高辈分之间的关系平均来看就在五服上，最高辈分往下的辈分往往则超过了五服。往往是超过五服之后在白公事上就会出现裂变的迹象，而经过一段时间之后，这种裂变的迹象就会逐渐变得明朗化和正式化，最终族家的裂变得以实现。而裂变实现之后，族中一些辈分高（辈分高意味着血缘关系更近）的老人则可能还会在一段时间内按照原来的单位参加白公事。这些老人去世之后，两个族家的裂变才算彻底完成。

红公事对宗族裂变的影响则体现在对婚礼的成本控制上。在大寨村，举行婚礼的时候如果客人的礼金超过了一定金额（现在是100元），主家就要

宴请客人，如果没有超过这一金额，则只需赠送一些烟和糖果。在宴请客人的时候，每户都有义务出人前来帮忙，并且也要受到主家的宴请。但是族家里的人除了近亲之外出的礼金往往较少，达不到宴请的标准。有的族家甚至约定，族家内的人除了近亲都不随礼金。这样，如果族家内部的人数太多，他们都来帮忙的话，就会出现“帮忙的比客人还多”的现象，对主家来说就成为负担，宴请的成本增加，婚礼的成本也随之增加。大部分族家的裂变发生在20世纪40～80年代，这一段时期内村民的物质生活是十分贫乏的，温饱水平都难以达到。食物的匮乏、生活的紧张使得在婚礼上控制人数、减少开支变得十分必要。窑头陈裂变时的情况就是这一机制最生动的体现。过多的族人来帮忙使得婚礼上的准备食物变得不足，成为族家裂变的诱因。因此，与白公事上的裂变受血缘关系的远近影响不同，红公事上的裂变则主要受举行婚礼成本的影响。通过族家的裂变，红公事以更小的单位来进行，这样成本更低，效率更高。

在族家发生裂变时候，村民们通常会让红公事和白公事的裂变单位保持一致，这就需要两种裂变形式之间的相互迁就。而有些裂变往往是从白公事上来看分开得过早，而从红公事来看则需要尽快分开以减轻仪式负担。所以，这时候就会出现上文所说的族内老人仍然一块“送浆水”，但是年轻人则完全分开的现象。有的族家则通过在红公事上分开、白公事上不分来解决两者之间的冲突，如樊家庄张、明姓、济南陈。红、白公事通过不同的方式影响族家的裂变，这两种裂变机制对群体结构提出了不同要求，因而产生了两种可以相对分离的裂变体系。白公事要求族家的范围在“五服”之内，而红公事的有效举行则往往需要一个小于五服的互助单位。大部分情况下，族人为了保持群体的完整性而尽力维持两种裂变体系的重合，但是这两者也可能出现分离。由于红公事的裂变速度要快于白公事的裂变速度，所以这种实际的分离就表现为白公事裂变相对于红公事裂变的滞后性。在此，我们将两种裂变机制同时发生的情况称为“嵌套式”的裂变，也就是说有两种裂变机制和两套裂变体系在同时进行着，相互嵌套在一起。

除了不断的分裂之外，大寨村的宗族间还出现了一些合并的状况，这主要发生在人数较少的宗族之间。

在每个群体人数都较少、各自无法达到构成一个族家有效数目的情况

下，他们就会珠联璧合形成 1 个族家。从逻辑上来说，有共同的姓就意味着具有共同的始祖，因而也具有比不同姓更近的血缘关系。两个群体的合并正是在这种对血缘纽带的想象下进行的。大寨村发生的宗族合并的情况是李姓和朱姓。

现在大寨村的李姓只有 1 个族家，这个族家有 2 个小分支，实际上它们是合并前的 2 个族家。在戒赌碑上有李魁和李彦 2 个名字，他们分别是 2 个小分支的先辈，也就是当时 2 个族家的首事。现在章丘地区的李姓多是明代时从河北省枣强县迁来章丘的，李魁属于这些李姓移民的后代，而李彦则不属于。李魁在清朝年间从章丘其他地区迁入大寨村，后来与大寨村原有李姓（即李彦一支）“珠联璧合”，统一辈分，但是他们仍然属于 2 个族家，所以在戒赌碑上李姓会出现 2 个首事的名字。在戒赌碑之后，2 个族家则合并成了 1 个族家，共同举办红、白公事。

现在大寨村的朱姓有两个来源，其一来自泰安朱家庄，其二来自莱芜上游村。据莱芜朱姓的一位老人介绍，两个群体是在中华人民共和国成立之后，但尚未集体化时（1949～1956 年间）合并的。吕姓本是朱姓的上门女婿，是从莱芜来到大寨村的，最初改姓朱，据说后来长辈去世后又改回吕姓，后代也改回吕姓，但是他们仍然按照族亲关系而不是按照姻亲关系称呼朱家的人，因此吕姓也以族亲的名义属于朱姓的族家。

宗族合并的原因同样是为了适应红、白公事的需求。为了举行一场体面的婚礼，主家往往需要足够多的人手来帮忙。由于人数较少的族家难以有效地完成红、白公事，因此 2 个姓氏相同但不同宗的族家就会合并成为 1 个。合并中还有一种现象值得注意，即两个群体将族谱也合并在一起，实行相同的辈分。从碑文来看，这种现象在 100 年之前就已经发生。在此笔者将这种合并家谱、统一辈分的现象称为“文字实践”。这在其他姓中也有发生，比如张家庄张的 2 个族家。据传，本来他们也是辈分不同的两个群体，而其中一个群体人数较少，所以就跟随另外一个群体的辈分组成了一个共同族家。通过这种“文字实践”，人数较少的群体与人数较多的群体建立了一种拟制的血缘关系，拉近了彼此之间的关系，从而避免受到排挤。这意味着族家在村落政治中发挥着一定作用。

从大寨村族家的裂变我们可以看出，村民的财力是影响族家交往圈子的重要因素。在一块办红、白公事是区分族家的一个重要标志。财力的匮乏会导致族家的分裂，村民只能在一个更小的范围内展开交往。随着村民变得更有钱了，他们便有能力维持一个更大的族家圈子了。这与埃文斯·普里查德笔下世系群的政治主导的裂变方式有着很大的差异，也不同于弗里德曼笔下中国东南宗族组织受到经济因素影响的裂变方式。

通过对大寨村宗族的描述我们可以看出其具备以下几个特点：

首先，杂姓村与“同姓不同宗”。在华北地区一个聚落中往往存在着多种姓氏，而且不同姓氏之间有时候难以形成主次之分。大寨村就属于这种状况。虽然黄姓人数众多，但其并没有形成绝对多数，不同姓氏的人口数目差距不大。此外，由于同一个姓氏来源地的差异，同一个姓的两个宗族实行不同的辈分，找不到可以接续的血缘关系，因此他们就成为不同宗族，并以来源地相互区分，形成了“同姓不同宗”的现象。

其次，宗族弱化，族家凸显。大寨村的宗族没有共同的族产，年老的村民的记忆中也没有关于宗祠的印象。可见在宗族这一层面上，大寨村并没有构成有效的组织形态。在村落自治和居民的生活中，族家有着更为重要的功能和地位。族家大致以“五服”为范围，在传统村落自治中发挥着一定的作用，而族家的族长则成为村落自治中的重要人物。杜靖将华北宗族的这种特点称为“喷泉式”的结构，即宗族组织向上发展到“五服”这一单位就停止了，就像喷泉上涌达到了一定的高度就停止一样，血缘组织在更高的层面上没有形成有效的组织。①

最后，政治功能弱化，仪式功能变得更加重要。通过对大寨村的戒赌碑上的族家数目与当下的族家数目的对比，我们可以看出大寨村的族家数目的变化情况。一部分族家因为举办仪式的需要发生了分裂，而有的族家因为人数太少而与其他族家发生了合并。随着国家对乡村基层的控制逐渐强化，村落中的人们更多的是以个体身份而不是族家成员的身份来参与村落公共生活，这就使得族家的政治功能逐渐弱化，仪式功能变得更为重要。同时，仪式功能也成为族家分裂与合并的主要影响因素。

① 参见杜靖：《九族与乡土：一个汉人世界里的喷泉社会》，第464页。

第五章 节庆仪礼[①]

中国社会历来重视各种仪式。王侯将相通过不同仪式建构了自身的神圣地位，与普通百姓产生了身份上的区隔，并在统治阶级内部造成了等级的分化。孔子看到春秋时期诸侯逾越等级举办各种仪式才产生了“礼崩乐坏”的感慨。仪式举办也是统治阶层教化民众、维护统治的重要手段。将由仪式建构起来的人伦秩序推衍出去，就形成了君臣之间、官民之间的秩序基础。而在民间生活中，各种仪式则建构着人伦秩序，帮助个体渡过生命危机。

除了人生仪式，节庆仪式在中国人的生活中也有着不可忽视的重要意义。自然的时间绵延不断，节庆则对自然的时间进行社会性的划分，使生活变得有一定的节奏可循。中国社会的节庆往往与民间信仰相关联，许多节庆也是人们对祖先和鬼神举行崇拜仪式的场合。当然除了人与超自然之间的沟通之外，在节庆中人与人之间也会开展各种交往活动，送往迎来，互送礼物，基于此乡村社会共同体才得以维系。

① 本章的论述参考了《大寨村志》的内容，在此基础上作者结合访谈进行了补充。

一、人生仪式

(一)丧礼

在中国民间社会中,宗族组织具有重要作用。丧礼在宗族生活中发挥着确定宗族内部"差序格局"的作用。死者在仪式中进入了祖先行列,成为人们祭拜的对象。因此,丧礼对于生者与生者之间的关系以及生者与死者之间的关系都具有重要意义,历来受到人们的重视。

中华人民共和国成立前,章丘地区就流传着"生在杭州,长在苏州,病在济南,死在章丘"的说法。这句话的意思是济南医疗条件好,有病能及时医治;章丘则有厚葬的风俗,能够让死者得到很好安葬。

一次体面的丧礼首先要从寿坟和棺材的准备说起。

1. 寿坟与棺材

村民完成儿女的婚姻大事之后,就开始考虑安排自己的后事了。请阴阳先生来看风水、选墓址、修寿坟,并准备材料做寿衣、打棺材。这些准备工作中最费工夫的就是修寿坟了。

在大寨村,村民对修坟十分重视。在过去,只要经济能力能够负担得起,人们只要给儿女完成了婚事就着手修坟以准备自己的后事。寿坟有"金井坟"和"发碹坟"两种:"金井坟"四周用石板和石柱围起来,一般中间设隔墙体分为男、女两个墓室,上面再盖上篷石;"发碹坟"则是在地下修一个拱形的墓穴,墓穴开口设石门,通向落棺池,下棺时候棺材先被放入落棺池,再用滚木滚入拱形墓穴中。"金井坟"的石柱上一般刻有"石烂人来"的字样。在"发碹坟"墓穴开口的石门上一般刻有一副对联,横批是"身居福地",上、下联分别是"飘飘天堂去"和"悠悠地府来"。旧时候,只有富裕人家才能够修得起寿坟,好的寿坟要雇佣石匠用 100 多个工才能修成,是一笔不小的花费。贫户人家一般修不起寿坟,只能死后修坟。死后修坟叫"修急坟",也就是用几块石板搭建起一个简易墓穴,一两日便可完工。在人民公社时期,由于政策原因,修寿坟的传统被中断,所有村民都"修急坟"。1980 年之后,修寿坟的做法又开始渐渐恢复,并在 20 世纪 90 年代变得普遍起来。由于村民

生活逐渐富裕，现在修寿坟已不再限于家境较好的人家了，几乎所有村民都能够修得起了。

村民做的棺材分为薄皮棺材、二五棺材、假二五棺材、三二五棺材等。这些名称是村民根据棺材不同部分的用料多少而定的。薄皮棺材又叫“寸板子”，是厚度最薄的一种。二五棺材是指盖厚2.5寸(约合8.25厘米)，帮厚2寸(约合6.6厘米)；假二五棺材只有彩口部分厚2.5寸(约合8.25厘米)，实际上盖的其他部分没有这么厚；三二五棺材是指盖厚3寸(约合10厘米)，帮厚2.5寸(约合8.25厘米)。这三种棺材的底一般都是1.5寸(约合5厘米)厚，由柏木板打成。所谓的“三长两短”中的“三长”就是两个帮子和底(不包括盖)，“两短”就是两个“堵头”。不同的厚度表明了用料的多少，也反映了村民的财力强弱。在当地，棺材的两头叫“堵头”，两边叫“帮子”，下面是“底”，上面是“盖”，棺材盖露出堵头的地方叫作“彩口”。待到用时村民才给棺材上漆(一般是枣红色)，并在彩口处写上“寿”(男)或“福”(女)的字样。

2.丧礼过程

在村民去世之后，首先要将死者的身子擦洗干净，穿好寿衣，然后放置在堂屋正中的灵床上。在灵床前要摆上供桌，供桌上要摆点心等供品，并点上一盏“长明灯”。在死者家的大门外，要插上用白纸做的引魂幡(替头纸)。村民看到引魂幡就知道有人去世了。死者的亲属开始穿孝服、戴孝帽。如果闺女、侄女、孙女有人未过门(已订婚未结婚的)，则可用蓝布封头，穿蓝色孝服，其他人均穿白色孝服。

一切准备妥当之后，丧礼正式开始。旧时丧期分为一、二、三、五、七日不等。一日丧又称为“当日丧”，父母尚健在的死者一般举行当日丧。如果死者家境不好，则也可能举行当日丧或者二日丧以减少开支。村里有“丧礼不能跨两个月”说法，所以如果死亡日期是在月末，就办二日丧，以免丧局的第三天落入第二个月，此时也可推迟一天让丧礼全部在下个月举行。以前村内大多数人家举行三日丧，少数比较富有的人家举行五日丧或七日丧。中华人民共和国成立之后，所有的丧局基本都是三日丧，五日丧和七日丧再也没有出现过。

丧礼中的主要职位有大助忙、内柜和外柜。大助忙是整个丧礼的主持者，现在一般由村民小组长担任。内柜负责丧礼的开支账目，外柜负责收取

和记录收到的礼金，并将收到的礼金交给内柜。其他人则可以统称为“忙丧的”，有的人跑腿，有的人做饭，有的人负责主持仪式（执宾），有的人负责在“送浆水”的队伍前面引领（被村民称为“端纸火牌子的”），不一而足。

旧时丧礼程序复杂烦琐，现在则大大简化。村内丧礼现在可以分为三个部分，即指路（报丧）、祭奠和出殡。按照三日丧局来说，这三个部分分别安排在第一天、第二天和第三天。

三日丧的第一天要指路（报丧）。孝子穿白戴孝跟在后面，助忙的端着传盘（上放纸钱）在前，拿着纸马和一把椅子到村头烧马。孝子围着火堆，正转三圈倒转三圈，之后长子站在椅子上朝着西南方向喊：“爹（娘）啊，上西南啊！”返回后接着送第一趟浆水，即孝子到土地庙给死者亡灵送吃食，期间孝子提着浆水罐子，趿拉着鞋（表示沮丧）。送完浆水后，助忙的领着次子给姥娘家叩头报丧，闺女则穿着孝服回婆家给族家人叩头报丧。

第二天举行祭奠，分为“大祭”和“路祭”。上午的祭奠被称为“大祭”，即女儿的祭奠。大祭过后，一般是姻亲和朋友来祭奠。助忙的会安排两名外柜人员在门口摆上一个桌子负责收吊唁人的礼金。前来参祭的人员交上礼金之后就会走到灵桌前叩头，先把带来的纸钱交给灵桌旁一名仪式协助人员（大执宾），然后从刚才的仪式协助人员手中接过一炷香，双手持香作一个揖，然后再叩三个头，这就算完成了参祭。晚上路祭的程序与此相似，只不过参祭人员主要是街坊。

第三天则是出殡。出殡前要送最后一次浆水，之后就雇请灵车将遗体运往火化场进行火化。骨灰盒回来之后，众人就一块前往茔地下葬。在下葬前，要举行“坟头祭”。坟头祭与路祭和大祭共同组成了丧礼祭祀的三个部分。

三日丧结束之后，还有一系列后续的仪式。丧礼结束后的第三天是圆坟之日。在这一天，孝子挑着祭品，扛着掀、镢，在天明前到达茔地，往新坟上添土，在坟周围划宅院。摆上供品，然后男女围着坟反向而行转三圈，然后各自朝相反方向再转三圈。接下来要“烧四七”，具体的日子按儿子多少决定。若死者没有儿子或只有一个儿子就从亡日算起第七天烧，若有两个儿，就从亡日算起第十四天烧，以此类推。这一天要烧掉纸扎的桌椅、箱柜、老黄牛、摇钱树、聚宝盆、金山银山、米山面山等。之后就是“烧五七”，日期定在亡日之后的第三十天，实际就是上月坟。最后是“烧百日”，日期是在亡日

后的第一百天，凡丧期间收到的纸钱，要在烧百日的时候全部烧掉。

3.“送浆水”的变化

“送浆水”是丧礼中一个极富象征性的仪式，通过这个仪式的变化可以看出当地社会生活的一些重要变化。当地观念认为，在丧礼结束之前，人的亡灵会停留在阳间。因此，丧礼期间族家中的人就要到土地庙给亡灵“送浆水”，也就是送饭。这时候族家中每户都必须有一人（晚辈）到场，跟随孝子给亡灵“送浆水”。“送浆水”意味着生者从对死者的生前赡养转变到死后的供奉香火，族家中的所有晚辈都来“送浆水”则意味着他们都有为死者供奉香火的义务。族家作为一个父系继嗣群体的文化意涵因此在“送浆水”这一仪式中得到了集中体现。因此，村民往往将是否一块“送浆水”作为判断是否属于同一个族家范围的标准。“送浆水”的时候走在前面的是提着浆水罐子的孝子。按照当地的风俗，谁提浆水罐子就意味着谁具有继承死者财产的权利。按照父系继嗣的原则，提浆水罐子的首先是长子（当然财产是诸子均分，长子是代表），如果死者没有男嗣，则由侄子来提。按照这一原则，死者的女儿是没有提浆水罐子的机会的，因为她们属于（或者未来会属于）他们丈夫的族家，因而不能继承她出生其中的族家的财产。

在村民中间流传着一个摔浆水罐子的故事。这个故事大概发生在20世纪60年代中期，起因于财产继承上的纠纷。故事内容大致如下：

> 村民张明峪有两儿一女。两个儿子分别叫作张振海和张振生，但是他把两个儿子分别过继给了自己的堂兄明春和明秋。后来张振海参军阵亡，所以只剩下了张振生一人。在张明峪妻子去世时这一家人产生了一场财产继承上的纠纷。
>
> 在张明峪妻子的丧礼上，过继出去的儿子张振生回来提浆水罐子。这一举动遭到了张明峪的兄弟张明禄的反对，理由是过继出去的儿子没有继承生父母财产的权利。于是在张振生提浆水罐子的时候，张明禄将浆水罐子抢过来摔掉了。之后，丧礼上“助忙的”又借来浆水罐子，结果张明禄又给摔掉了。这样，摔了几个浆水罐子之后，“助忙的”再也借不到浆水罐子了。这时候，张明峪自己找了个木桶装上浆水后提着走了，众人随之跟上，这才送成了浆水。

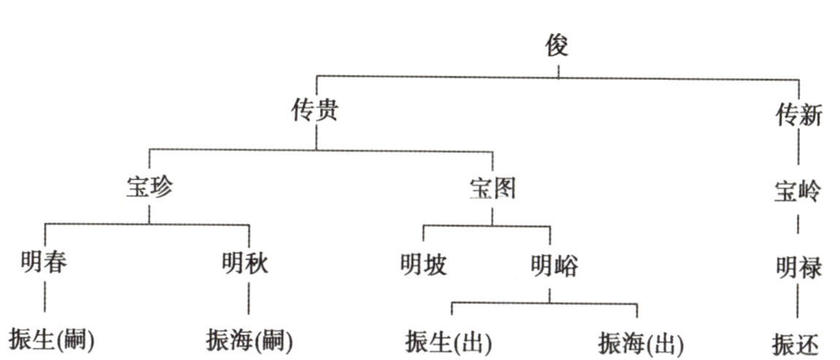

张明峪与张明禄的谱系关系图

谁提浆水罐子就意味着谁有继承财产的权利，所以张明禄实际上是通过摔浆水罐子的举动对张振生的财产继承权提出异议。从“张明峪与张明禄的谱系关系图”可以看出，如果张振生以侄子而不是生子的身份来继承财产，那么作为侄子他和自己的生父张明峪的关系远近在四服上（张明春和张明峪是在三服上，那么张明春的后代和张明峪就在四服上），张明禄与张明峪的关系也在四服上。因此，张振生和张明禄有同等的继承权，张明禄实际上是在通过摔浆水罐子来宣示自己和张振生有同等的继承权利。

由于张明峪还在世，其家庭财产在其妻子去世之后仍将由其本人所有。张明禄摔浆水罐子，实际上是在争夺张明峪去世之后的财产继承权利。后来张明峪去世之后，其财产的继承结果是这样的：同时作为生子和“侄子”的张振生继承了大部分财产，而张明禄也分到了一杯羹。

值得注意的是，在这场摔浆水罐子的纠纷中，张明峪的一个重要亲属——他的女儿——完全缺场了。从整场纠纷来看，无论张振生和张明禄的争夺有多么激烈，张明峪的女儿只能在一旁观看。女儿没有继承父亲财产的权利，所以也就不能提浆水罐子。但是近年来，这一风俗发生了某些变化：在有儿子的情况下，闺女仍然没有继承权，只能由儿子来提浆水罐子；但是在没有儿子的情况下，闺女相对于侄子在继承财产的顺序上具有了优先权。在后一种情况下，有可能是闺女提浆水罐子并由其来继承财产；也可能是侄子来提浆水罐子，但是却明确声明其不继承财产，而将财产让与闺女来继承。

村内的死亡统计资料显示，1967～2014 年，村里共有 51 例没有儿子的

死亡案例，这期间第一次出现女儿提浆水罐子的情况是在1969年黄志元去世的时候。黄志元在四个兄弟中排上老二，他前后娶了两任妻子，并和两任妻子各有三个女儿，没有儿子。他去世的时候，是由其和第二任妻子的第三个女儿提的浆水罐子。黄志元的第二任妻子是在20世纪80年代去世的，提浆水罐子的是黄志元四弟的大儿子黄大龙。但黄大龙只是提浆水罐子，并没有继承财产。黄志元的第二任妻子去世之后留下的财产主要是一栋宅子，由其第三个女儿继承。后来，她将宅子卖掉，并将卖得的部分钱款分给了大姐和二姐。

在1981年之前，女儿提浆水罐子的案例只有这么一个。1969～1981年，共有5个没有儿子的死者，其中4个（分别发生在1970年、1974年、1975年和1977年）通过过继、领养和招上门女婿等方式解决了此问题；1981年，一个没有生育儿子的死者则是由侄子提的浆水罐子并由侄子继承财产。1982年，村里又出现了一例由女儿继承财产的例子，从此之后这种做法就成了惯例。有村民说，其实谁都想让女儿继承财产，但是过去的风俗不允许这么做，而现在允许了。这就意味着，如果再出现摔浆水罐子的情况，女儿就可以不用袖手旁观了。

（二）婚礼

1. 婚礼程序

婚礼过程主要包括订婚和娶亲两个部分。按照传统的做法，一段姻缘始于媒人的提亲，提亲要由媒人前去说和。如果顺利的话，媒人去3次就可以将亲事定下来；如果不顺利，要去四五次才可以。每次去说和，媒人都要带上烟、酒、茶、糖、肉5样礼品。一般是2条烟、2箱酒、2包茶叶、若干斤糖、20斤肉，这些商品价值约1000元。那么，如果连去三次，花费就是3000元左右。现在村内青年相识以自由恋爱为主，靠媒人介绍认识的已经不多了。但很多时候，即使双方是通过自由恋爱走到一起的，等到谈婚论嫁的时候，还是少不了媒人在双方家庭之间进行一番沟通。

提亲如果成功，下一个步骤就是“下柬”。下柬就是订婚。下柬一般固定在一年中的三个日子，即二月初二、六月初六和腊月初八。按照过去的做法，男方请先生写柬后，要将押钱和2包盐放入柬盒中，与写好的婚柬一块送

入女方家中。与柬盒一块送过去的还有作为定亲礼物的首饰和布料。女方若同意这门婚事，就将 2 包香和 2 包艾放入柬盒中让男方带回，寓意着“相相爱爱”。现在，这种传统的做法已经消失了，村里的柬盒也不多见了，下柬时最重要的则是礼金。前几年这份礼金的数目是 10001 元，寓意“万里挑一”；近几年，下柬礼金涨价了，变成了 15010 元，寓意“万无一失”。

在结婚之前，男方还要给女方下聘礼，现在通行的数额是 3 万元左右。女方要给男方送嫁妆，当地称“陪送”。陪送的种类和价值不一，由女方来决定。现在条件较好的女方父母都会陪送一辆价值 10 万余元的轿车。

彩礼和陪送一般在结婚前几天就会交换完毕。婚礼当天一大早，男方就会到女方家里去迎亲。迎亲的队伍一般凌晨三四点出发，并在出发时放礼炮。队伍一般由 6 辆车、8 辆车或 10 辆车组成。每辆车上有一名司机和一名“押车的”男方亲属。到达女方家中之后，男方人员可能会被堵在新娘房间外面。新娘的亲戚好友在门内索要红包，男方只有给出了足够的红包之后门才会被打开，新娘才能被顺利接到。一起同新娘前往男方家的还有新娘族家里的亲属。其中两名男性近亲（一般是新娘的叔叔或哥哥）担任“送路”，代表族家护送新娘前往。到了男方家中之后，会有一个“跨火盆”的仪式。这一仪式现在已经有所简化，过去是新娘从火盆上跨过去，现在则变成了新娘经过火盆时在盆上浇一勺白酒。白酒浇到火盆上后，一阵火苗随之腾起，也就意味着除去了新娘身上可能有的晦气。

婚礼一般在中午举行。最近几年婚礼发生的最大变化是婚礼举行的场所从在男方家中改为了在饭店中，婚礼的程序也随之发生了变化。在 10 多年前，婚礼在男方家中举行时，婚礼上并没有专业的主持人，一般是由族家或者亲友中能说会道的人担任司仪。司仪在婚礼上的主要作用是引导新人跪拜天地、跪拜父母以及互拜。同时他会大声宣布每位前来道喜的亲友的礼金的数目，这时新娘新郎要挨个向他们叩头。

现在，婚礼一般都是在饭店中举行。大寨村周围一些饭店为了满足新人举行婚礼仪式的需求，会设置一个能容下七八十桌人同时吃饭的大厅。在饭店中举行的婚礼一般都会聘请专业的主持人，程序也变得更为“现代化”。新郎新娘在主持人的指导下完成一系列仪式。在这些仪式中，鞠躬取代了跪拜，一一向亲朋好友叩头的程序也取消了。新郎新娘以及他们的父

母会在主持人的引导下发表一些感言,新人相互许下诺言,父母则对他们送上祝福。

不论在家中宴请还是在饭店中宴请,婚礼宴席上菜品都必须包括"四大件",即鸡、鱼、肘子、肉丸子。除了"四大件",宴席上另外还要有12个或者16个菜,对于这些菜的搭配村中没有固定的说法,可以自由搭配。在宴席中,"四大件"按照鸡、鱼、肘子、肉丸子的顺序先后端上,中间还会穿插其他配菜。等到肉丸子端上来的时候,宴席就接近尾声了。

宴席结束之后,新娘的家属被送回,宾客也各自回家。新娘就正式开始了在婆家生活的第一天。傍晚时候,男方族家亲友要来"闹洞房",直到深夜才离去。婚后第三天,新郎要陪新娘回一次娘家。按照传统做法,新人要住三天才离开,现在则简化为当天返回。至此,整个婚礼的程序就算结束了。婚礼结束之后的第一个春节,嫂子或小姑子会领着新媳妇往族家各户拜年,族家长辈则会给新娘叩头钱,这一习俗仍然延续至今。

2.关于彩礼的负担

在当下中国农村社会中,彩礼的数额普遍上涨,对婚房和家具等的要求也不断提高,这似乎使得现在娶媳妇比过去要难得多。但是通过对村民的访谈,笔者发现在大寨村现在娶媳妇的难度实际上并没有上升,反而有所下降。

大寨村的彩礼标准从20世纪80年代初不到1000元上升到了现在的3万多元,婚房的标准也由原来四合院内的1间土坯房变成了现在1套价值几十万甚至上百万的楼房。这种婚房标准和彩礼数额的不断提高是村民乐于谈论的话题。但是如果问上了年纪的村民过去娶媳妇容易还是现在娶媳妇容易的话,他们细想下来后还是觉得现在容易些。因为有两个因素抵消了婚房标准和彩礼数额提高所带来的消极影响。首先是村民的收入上升了。虽然彩礼的数额提高了,但是村民每天挣的钱也从改革开放初期的四五块钱上升到了现在的100～200元。其次,现在大部分村民只有一个孩子,这使得村民可以将财力集中在一起,而不是分散在几个儿子身上。

二、节　庆

(一)春节

实际上,从腊月二十三开始,村民就开始"过年"了。腊月二十三这天是灶王爷上天的日子,按照传统习俗这一天村民要给灶王爷吃"糖瓜"。糖瓜是一种用糯米做成的甜食,村民认为吃糖瓜能让灶王爷的嘴"变甜",这样他在天庭就能够为村民多说几句好话。但是还有一种说法是,由于糖瓜比较黏,因此会将灶王爷的嘴黏住,这样他在天庭就不能开口汇报凡界的坏事了。

在腊月二十三之前,村民需要备好年货。据村民讲,过去年货的样式繁多,有用小米面炒制的"茶糖面子",还有煎饼、蒸糕、发面窝窝等。准备的这些食物要从腊月二十三一直吃到来年的正月十五。随着时代的变化,村民准备的年货的种类变得少了,现在已经很少有人做"茶糖面子"了,一般只做煎饼、馒头,然后再赶集买下足够的菜品等。年轻人则喜欢到市里的超市去置办年货,买一些烟酒茶糖、瓜果零食之类,以供过年时候招待客人之用。

大年三十下午,村民要请"老祖"回家过年。当家人点燃一把香,到大门口朝坟地的方向作揖,回家后把香插在各个香炉里,就算将"老祖"请回家了。晚上各家各户在门前点燃一个谷草,村民谓之"照厅",同时燃放鞭炮。等干草的火熄灭后,村民把灰烬摊开形成半圆形,罩住自己的大门口,以防其他"孤魂野鬼"靠近。之后,大家就不再出门,全家人围坐在正堂中"守岁"。在请回"老祖"之前,家中正屋里已经摆上了供桌,挂上了"家堂轴子"。"家堂轴子"上写着祖先的名讳,以供人们祭拜。有的村民会在供桌前斟上酒,与祖先"喝酒聊天"。

初一早上五更天时分,男主人就起来燃放鞭炮,同时烧纸钱,这被称为"发钱粮",也就是将"钱粮"供奉给祖先和神灵。"发钱粮"之后,村民敞开大门,开始新年第一天的拜年活动。

天亮以后,亲友、邻居互相串门拜年。串门拜年活动是以族家为范围和单位的,往往是族家里的年轻人挨家挨户串门拜年,年长者则待在家里。串

门不仅要给在世的长者拜年，还要给逝去的祖先拜年，前来拜年的晚辈要对“家堂轴子”上的祖先进行祭拜。下午的时候各家撤掉“家堂轴子”，并送走祖先。

正月初二，闺女走娘家。如果是新婚第一年，女婿要到岳父家的族家长辈家里叩头拜年，称为“认亲”。初三开始，走其他亲戚和朋友，一般在初六以前走完所有亲戚。除了走亲戚，过年也是“一满家子”[①]聚会的时刻。通常是某个兄弟做东，邀请父母和其他兄弟到家里聚会。此外，村中各个年龄段的人往往有不同的交往圈子，过年这几天也是这些圈子聚会的时刻。

等到初五、初六，村里就开始了传统的“扮玩”活动。“扮玩”是当地传统的群众游艺活动，由村民自发组织。在中华人民共和国成立初期，村里分为5个排：河东排、河西排、南街排、西街排、后街排，各个排组织各自的节目。现在“扮玩”则是以村民小组为单位组织。“扮玩”的主要节目有踩高跷、抬芯子、跑汉船、舞狮、舞龙灯等。“扮玩”活动一直持续到正月十五元宵节。

（二）元宵节

元宵节即农历正月十五日。过去，从正月十一到正月十六，每天晚上家家户户门前都会挂灯笼，并且打着灯笼到各房间、院内照明（传说这样做能照瞎老鼠的眼）。十五日这天中午，家家户户吃水饺，供奉祖先。与春节一样，正月十五也需要挂“家堂轴子”，将祖先请回家中进行祭拜。

从初五、初六开始的村内“扮玩”活动在元宵节达到高潮。十五午饭后，各街巷的扮玩队伍走上街头，南头向北头来，北头到南头去，沿街围着村子转一圈，再到广场内“打场”[②]，村民们都在广场的周围观看节目。队伍集合完毕后，村领导宣布表演开始。先放鞭炮、礼炮庆贺，之后每支“扮玩”队都会在广场内打场转一圈，包括舞龙灯、跑旱船、踩高跷、抬芯子、拉元宝车子、抬花轿、扭秧歌、跳舞等。等到表演结束后，村委会给予“扮玩”队一定的奖励。

① 关于“一满家子”，请参见第六章的有关论述。

② 即“表演节目”的意思。

春节期间的舞龙表演(陈正茂 摄)

(三)青龙节

旧时候,新媳妇过了正月十五之后要回娘家,在二月初三之前必须回到婆家。俗话说:“媳妇子再大,大不过二月初三。”新媳妇往往是在二月初二从娘家回来,这一天就是青龙节。这一天的主要活动就是“打囤”:用簸箕盛上草木灰,用一根木棒轻轻敲打簸箕边,灰徐徐落下,灰线形成一圆圈或方形,即所谓的“囤”,在“囤”边上撒上梯子形的灰线,再在每一个“囤”里放上少量的五谷杂粮,寓意“囤高粮满,预兆丰年”。故村里有“二月二龙抬头,大囤尖小囤流”的说法。在屋子里面也要用灰打上一个圈,在里面放上铜钱。在屋子里的墙根处也要撒上灰线,据说这可以防止蝎子、蚰蜒等害虫爬到屋里。“打囤”一般是由新媳妇来完成,如果家里没有新媳妇,那就由家里的其他主妇来做。旧时,青龙节还有炒“蝎豆子”“糕棋子”“棒米花”的习俗。村民们在大锅里放上白相土或沙,烧热,然后将用淡盐水浸泡过的豆子、玉米粒、切成菱形的糕棋子放在锅里炒干,这便成为一种风味独特的小吃。

(四)清明节

清明及其前两天一共有三个相连的节日。第一天是“一百五”。这天早

上要到祖坟上添土，用锨将坟头上的坑凹整平，修出坟顶和坟脊，使坟头焕然一新。第二天即清明节前一天是“寒食节”。大寨村在节庆上的一个独特之处在于，村民在清明当天不会去上坟祭祖，而是在清明前一天的寒食节祭祖。在寒食节，按照习俗，村里家家都会带上饺子等供品和纸钱到祖茔地祭祀。这天的祭祀是以“一满家子”而不是以族家为单位进行的。嫁出去的女儿在这一天也会返回大寨村来上坟。到了清明节这一天村里就没有什么活动了。旧时，这一天有荡秋千的习俗，如今这一习俗已经消失了。

(五)端午节

端午节在农历五月初五，按照过去的做法，端午节这天早晨，家家门口插桃枝、插艾，村民还会用艾水洗眼，据说这样做一年都不会生眼病。这一天，姑娘们会缝制装香荷包，带在身上驱瘟防疫；儿童戴上红肚兜，肚兜中间绣着“长命百岁”的字样，周围绣壁虎、蟾蜍、蝎子、蜈蚣、蛇(即五毒)，以求驱灾避邪。但是，现在这些习俗基本都消失了，仍然保留的只有“看闺女”的习俗，即父母到外嫁的闺女家做客，共度佳节。

(六)分龙节

分龙节，分为“小分龙”和“大分龙”。农历五月二十是“小分龙”。过去各家在这一天都会摆上祭品，盼望村里今年能分到一条勤快的会多下雨的“龙”。因气候所致，这天多半时候会下雨。过去，这天若不下雨，村民便会恐慌，就要举行祭神祈雨活动。往往是一个排或者两三个排在一起举行祭祀仪式，请道士来念经，祈求风调雨顺。祭品中的瓜果梨枣一般作为道士的报酬，其余祭品往往作为祭祀组织者的聚会用餐。

农历六月二十则是“大分龙”。相传，这一天是龙王爷分派诸龙向人间降落甘霖的日子，分到勤快龙的村庄则降雨多，分到懒龙的村庄就会大旱。因大寨村地处山区，十年九旱，所以村民在六月二十这一天会包饺子“敬天”，为龙王爷上供，祈求分得一条勤快龙，一年能风调雨顺。

现在，农业收入在村民收入构成中的比重越来越小，农业气候的变化已经难以影响到村民的生活水平，所以现在分龙节的习俗已经渐渐淡出了人们的生活。现在，村里过这个节日的只有少数几个“姑娘”，她们会在分龙节

这一天在院子里摆上一个供桌举行祭拜仪式。

(七)中元节

中元节,即农历七月十五,俗称“鬼节”,这一天的主要活动是祭祀祖先。传说七月十五为阴曹地府赦罪之日,故家家供香烧纸,祭祀先祖。这一习俗延续至今。这一天,家家放“家堂轴子”,请祖先回家做客。跟春节一样,上午人们持香到门外将祖先请回,下午则要“发钱粮”,再将祖先送走。

(八)中秋节

中秋节,即农历八月十五。中元节是“鬼节”,而中秋节则是“人节”。这一天,村民全家团圆,中午吃水饺,晚上亲朋好友聚会,一起吃月饼。在过去,这一天还有祭月、拜月的习俗,即在院内安放供桌,摆上西瓜、水果、月饼等祭品,烧香拜祭月神。现在拜月神的习俗已经消失。

(九)重阳节

重阳节,即农历九月初九。大寨村村民没有过重阳节的习俗,但是现在村委会在这一天会给村内的老人发放一些慰问品。从2007年开始,村委会制定政策,村里70周岁以上的老人可以免交合作医疗费,并在节日当天给他们每人发放一桶花生油。这一做法一直延续下来,深受老年村民及其子女的好评,提升了村庄的敬老风气,增强了村庄的凝聚力。

第六章 人情往来

礼物和互惠研究是人类学中的经典话题。在中国的农村生活中，人们常常将与互惠有关的事情称为“人情”。在大寨村，有时候村民也用“人情”来指代仪式性的互惠，例如村民将礼金的互换称为“人情事”。本章就主要介绍村民的这些仪式性的“人情事”。有时候村民也会用“换头子什”这个方言来指村里的“人情事”，这个词揭示出了礼金互惠的“客观主义本质”①，有一种“换来换去就那么回事”的意味。虽然村民心里也清楚“人情事”无非就是礼金的“来回倒腾”，但是大部分村民都无法置身其外。所以说，这些礼金的互换，对于村民人际关系的维系和再生产起到了一定的促进作用。

一、人际关系的分类

费孝通先生将根据生育和婚姻事实所发生的亲属关系看作是区分“差序格局”的主要标准。② 现在很多学者也比较重视对乡村社会姻亲与朋友关系的研究。比如：郭于华将丧礼上的社会关系分为4个类别，即(1)死者的子、子媳、孙、孙媳、重孙等直系亲属和家庭成员；(2)家族亲属与姻亲亲属集

① [法]布迪厄：《实践感》，蒋梓骅译，译林出版社2003年版，第153页。

② 参见费孝通：《乡土中国　生育制度　乡土重建》，商务印书馆2011年版，第26页。

团;(3)邻里关系;(4)由前三种关系带来的朋友、同事等相关人士的集团;[①]等等。笔者在此采用一种更为简单也更为常见的划分方式,即将村民的社会关系划分为血缘关系、姻亲关系、地缘关系和朋友关系四类。其中朋友关系是一个泛指,包含除单纯的朋友关系外的战友、同事、同学、生意伙伴等。

(一)血缘关系

从名义上来说,大寨村村内血缘关系的最大范围是宗族,但是在实际生活中,宗族只要超出了族家这个范围往往就以街坊相互看待了。宗族的分支单位族家是一个更有效地区分族亲和非族亲的标准。人数较多的宗族可能分为多个族家;而对于人数较少的宗族,族家的范围和宗族的范围就会重合,也就是说整个宗族就是一个族家。

在村民的观念中,族家是以五服为范围的。但在调查中笔者发现这一说法在两个方面存在着模糊性。一方面,不同世代的血缘关系的远近是不同的,而一个族家里面往往包含着不同的世代。以一个黄姓的族家为例,这个族家中现有的最高辈分是十六世,最低辈分是十九世,他们共同的祖先是十三世。那么十六世的族人相互之间最远可以在四服上,而十九世的族人相互之间最远可以在七服上。因此,同代人之间只有十四世的族人相互之间最远可以在五服上。所以,如果不指明哪一代就说一个族家的关系远近在几服上是不准确的。另一方面,不同族家之间存在着较大的差异,有的已经延续了很多世代,而有的延续的代数较少,所以五服只能是个大致的范围。由于部分族家谱系资料的缺失,笔者仅仅统计了 21 个族家的相关情况。这 21 个族家中,有的最高辈分与迁祖相差 6 代,最低辈分相差 10 代;有的最高辈分与迁祖仅相差 2 代,最低辈分相差 4 代。长时间没有发生"裂变"的族家延续的世代往往较多,而最近发生"裂变"的族家延续的世代往往较少。21 个族家的最高辈分与迁祖相差代数的平均值约为 4,最低辈分与迁祖相差代数的平均值约为 7.5。可见,族家的最高辈分的远近关系平均看来在五服上,而最高辈分以下的世代之间的远近关系则超过了五服。这说明村民的观念和实践之间存在着一定的差异。

① 参见郭于华:《死的困扰与生的执着——中国民间的丧葬礼仪与传统生死观》,中国人民大学出版社 1992 年版,第 54～55 页。

族家的内部往往划分为不同的“支分子”，这是村民对族内不同分支的称呼。通过调查，笔者发现“支分子”仅仅是村民为了区分的方便而使用的称呼，而不像南方宗族内部划分的房支是一个更为实体性的组织。比“支分子”范围更小的单位是“一满家子”，它是由父母的家庭和他们儿子的家庭共同组成的组织。这些家庭都已经分家立户，所以“一满家子”不是所谓的“联合家庭”，而是联合家庭分解后各核心家庭的组合体，他们之间由于血缘关系和一系列紧密的互惠关系而联系在一起。“一满家子”的各个家庭之间互帮互助，共同应对生产和生活中的各种困难。比如村内某张姓男子出了车祸，跟司机打起了官司，他的大哥、二哥、姐姐、姐夫都陪他出庭。出庭的时候他带的钱不够，于是兄弟姐妹们立马就给他凑了1000多元钱。有一年，他二哥生病了，到济南做了手术，兄弟几个都去看望他。出院的时候，大家都到他家一块吃了一顿饭。兄弟几个虽然分家了，但他们仍然通过各种互帮互助紧密地联系在一起。“一满家子”还是家祭的祭祀单位，每个“一满家子”有一个“家堂轴子”，由父亲的家庭保管。组成“一满家子”的就是核心家庭，是整个族家的基本组成单位。所以，如果根据血缘关系的远近，可以依次区分出家庭、“一满家子”“支分子”族家、宗族这几个层次。

（二）姻亲关系

姻亲又可以分为两类：婚入姻亲和婚出姻亲。前者是指本族娶进来的媳妇的娘家人，后者指本族外嫁女性及其婆家人。姻亲被村民统称为“亲戚”。姻亲关系的维系主要靠“走亲戚”。每年春节、端午节、中秋节是亲戚之间相互走动的时节。姻亲关系维系的另外场合则是红、白公事中礼金的来往。

村民的通婚圈可以分为村内和村外两个部分。通过村内的通婚，不同家庭和宗族之间形成了错综复杂的联姻关系。根据村内保留的1967～2015年的婚姻迁入登记以及1973～2015年的婚姻迁出登记资料，笔者对村民与村外的通婚范围进行了统计，如下表所示。

大寨村的通婚范围表(包括养老婿)

	婚入		婚出	
	人数	比例	人数	比例
黑峪村	40	17.54%	14	8.97%
东田广村	11	4.82%	5	3.21%
青野村	35	15.35%	10	6.41%
三德范村	5	2.19%	4	2.56%
三棵树村	11	4.82%	4	2.56%
石子口村	11	4.82%	8	5.13%
水龙洞村	7	3.07%	1	0.64%
西田广村	17	7.46%	23	14.74%
文祖村	0	0	8	5.13%
文祖镇其他村	5	2.19%	2	1.28%
章丘区其他乡镇	22	9.65%	40	25.64%
章丘区之外	64	28.07%	37	23.72%
合计	228	100.00%	156	100.00%

村民主要的通婚圈范围是本镇(文祖镇)的村庄,以黑峪村、东田广村、青野村、三德范村、三棵树村、石子口村、水龙洞村、西田广村和文祖村等邻近村庄为主。在嫁入大寨村的女性中,黑峪村和青野村所占比例最高。大寨村外嫁女性则以西田广村为最多。黑峪村和青野村对于大寨村来说是人口的净流出地,这与大寨村交通条件便利、村民收入水平较高有关。而章丘其他乡镇的婚入者无论从比例上还是从绝对数值上来看,都要少于婚出者,这说明大寨村相对于这些地区来说也存在着人口净流出的状况。其他乡镇中,章丘区周围的几个乡镇所占比重最大,说明村内的女性更愿意嫁到经济条件更为优越的地区。而对于章丘区之外的地方,婚入者无论从绝对数值上还是从比例上来看,都要高于婚出者。这主要是因为大寨村南部相邻的几个莱芜市的村子有很多男性进入大寨村成为养老婿,这一部分人占章丘区之外婚入者的一半。

(三)地缘关系

地缘关系是因居住得邻近而形成的关系。大寨村人口近3000人,900多户,一个家庭与全村所有的家庭都建立比较紧密的关系显得不太现实。在居住上相隔比较远的村民在生活中接触的机会也少,而在居住上比较邻近的村民会在日常互动中形成更为紧密的关系。村民将关系比较紧密的村民称为跟他们“有来往”,而将关系相对疏远的村民称为“没有来往”。有没有“来往”的最直接表现就是红、白公事上是不是相互随礼金。

在人民公社时期,生产队对人们的交往产生了很大影响,而且这种影响至今仍然存在。生产队在刚出现时,虽然是一种经济组织,但是在大寨村,其划分是按照居住格局来进行的,往往居住得邻近的家庭构成一个生产队。生产队虽然在实行家庭联产承包责任制后被取消,但现在其在村民的交往中仍然是一个十分重要的单位。

大寨村传统的定居点是在南街和北街两侧,东台子、北埠子、南顶子、集市街、粮食街以及楼区都是在改革开放之后在新划宅基地上形成的居住区。

长泰桥在原来的村庄格局中处于中心位置,这使得这里成了重要的公共空间。紧邻长泰桥北边的就是村里的庙宇。桥附近有一个小土地庙,每当举办丧礼的时候,村民都会到这里来“送浆水”。桥东边的一个院子是原来大寨管区的驻所。大寨管区从1961年开始在此办公,242省道修建后才搬出去。1991～2006年间,村卫生室也在这个院子里面。

长泰桥以南被统称为“桥南”,以北被统称为“桥北”。其中1、2、3、4、9、17队位于长泰桥以南、南街西侧,这里由于地势较高,被村民称为“西坡”;5、6、7、8、16队位于长泰桥以南、南街以东;10、11、12、13、14、15队位于长泰桥以北。

由于大寨村内的宗族在居住上分布相对集中,而生产队又是按照地域来划分的,所以每个生产队内部的宗族分布也就相对集中,这使得血缘组织与地缘组织在一定程度上重合了。最明显的例子是赵姓和樊家庄张,赵姓全部分布在5队,且5队除了赵姓之外其他姓氏只有1户孙姓。赵姓所聚居的地方因此被村民戏称为“赵家庄”。樊家庄张的39户则全部分布在11队,他们主要居住在北街两侧。由于大寨村内宗族数量众多,笔者在此不再一

一罗列，在第四章的表格中可以看到不同宗族在各生产队分布的详细信息。

血缘和地缘拧在一起结成的社会关系因为居住空间的狭窄而得以加强。张福成先生说，之前他在东张家胡同居住的时候，每个院子里都住着好几户人家，众多的街坊每天在胡同里来来往往，低头不见抬头见。当时他在外地上班，每隔一段时间回家时，胡同里的街坊都会到他家来找他"坐坐"，家里就会挤满了人，十分热闹。确实如涂尔干所说，社会中"物质密度"的增加会导致"精神密度"的提高，人们之间就会因为居住空间的邻近出现更为密集的交往。①

这种地缘、血缘重合的居住格局随着新宅基地的划分渐渐发生了改变。1965年，大寨村的人口达到了2000人，居住条件显得更为局促，大队开始重新划拨宅基地。这样就在南街和北街之外形成了新居住区。新划的居住区主要是南顶子、北埠子和东台子三个地方，随着集市街和粮食街的设立，两条街沿街也成了居民的新定居点。2009年，村委在粮食街以西的"南北地"中盖起了楼房，入住村民有300余户，占大寨村总户数的1/3，楼区因此成了大寨村村民的重要定居点。

在新划宅基地片区中，同一个生产队的村民的宅基地可能被划分到不同的地方，而楼房的位置则是靠抽签决定的，所以新定居点的设立打破了原来生产队和宗族相重合的集中分布格局。同时，居住空间的扩展使得居民的分布更为分散，很多居民拥挤地居住在一条狭窄胡同里的状况已经成为历史，这从一定程度上使得人们交往的频率减少，人际关系变得淡薄。居住格局的变化使得村委会附近的广场取代了长泰桥附近的空间成为村内重要的公共空间。春季期间举行的"扮玩"、"六一"儿童节孩子们的表演、妇女们跳广场舞、放电影等公共活动现在都在这个广场上进行。

在新的居住格局下，人们居住得更为分散，因此邻居的数量就会更少，因而在少量的邻居之间人们结成了更为紧密的关系。从礼金单上可以看出，居住在楼区的同一个单元的住户之间随礼的金额都比较大。一般街坊随礼为20～50元，而楼区的邻居之间相互随礼一般都是100元。

① 参见[法]涂尔干:《社会分工论》，渠敬东译，三联书店2017年版，第214页。

（四）朋友关系

这里用“朋友”泛指除了地缘、血缘和姻缘关系之外的其他社会关系，主要包括同事、战友、同学、生意伙伴等。这些关系要比一般的街坊之间的关系更为紧密。

随着村民外出打工以及通过其他各种形式参加非农产业活动的几率的提高，他们在正式的企业和社会组织中会逐渐形成各种非正式的关系，如同事和生意伙伴等社会关系。比如大寨村的沙车车主，由于他们都从事这一行业，在从业过程中就会有各种接触，相互之间可以提供各种帮助，在这一过程中逐渐形成了更为紧密的关系。两个沙车车主之间以前可能没有来往，但是进入了这一行当之后就逐渐有了来往；本来有来往的两个村民后来可能因为一起开沙车而结成了比街坊更为紧密的关系。这种更为紧密的关系也在红、白公事的礼金中体现了出来。沙车车主之间在白公事上相互随礼最低都是 100 元，在红公事上随礼最低都是 200 元，而一般的街坊在红、白公事上随礼一般都不超过 50 元。再如村民刘某从事猪养殖，那么他跟长期给他送饲料的商贩和给猪看病的兽医之间就有礼金上的往来，在他儿子结婚时，卖饲料的商贩和兽医分别给了 100 元的礼金。同时，另外一位从事养猪业的村民也送来了 100 元的礼金。

二、礼金交换的场景

（一）婚礼

在婚礼举行的前几天，街坊们会到主家送上礼金，金额一般为 20～50 元，主家则回赠给他们喜糖、香烟等小礼品。而族家内部的家庭则会到举行婚礼的家庭中前去帮忙，男人负责招待来宾，女人则负责包饺子，准备食物。族家内部的家庭是否要送礼金是各族商量决定的。姻亲关系则会根据关系的远近送上不同的礼金，而朋友之间一般礼金都较高，至少是 100 元。现在在大寨村，来宾送的礼金超过 100 元的，主家都会宴请；没有超过 100 元的主家则仅仅赠送糖果、香烟等小礼品。

婚礼过后的第一个春节，大年初一这一天嫂子或小姑子会拿着红毯子领着新媳妇到族家各户叩头拜年，叩头后新媳妇就会收到族家长辈给的叩头钱，钱的数目不一，但是没有"磕空头"的。

从彩礼、礼金到叩头钱，在整个婚礼过程中金钱以社会货币的形式流动起来，改变着人们之间的关系。按照旧时的说法，只要女方收下了男方的彩礼，那么出嫁的女性就从原有的族亲关系中脱离出来，在新的族亲关系中获得了一个位置。礼金的流动则强化和维系着村民的各种社会关系，叩头钱则强化了族内的长幼秩序，新媳妇叩头显示对长辈的尊敬和服从，长辈的叩头钱则显示出长辈对新入门的晚辈媳妇的关爱。

(二)丧礼

丧礼也是一个礼金交换的场所。两种交换构成了丧礼的主线，首先是生者与死者之间的象征性交换，其次是亲戚朋友与死者家属之间的人情交换。在这两种交换关系中，金钱是重要的流通媒介，生者给死者烧的纸钱以及亲戚朋友送来的礼金都在流动中建构着一种长期的交往关系。

在丧礼上族亲可以分为两类：一类是死者的直系亲属，即孝子、孝孙。孝子、孝孙在外人参祭的时候要跪在灵桌两旁叩头答谢。另外一类是除了孝子、孝孙之外的其他族亲，他们在丧礼中要做的是跟随孝子、孝孙"送浆水"。在整个仪式过程中，"指路""送浆水""烧四七""烧五七""烧百日"都少不了烧纸钱，而在"烧四七"中更有"金山银山""摇钱树"等烧给祖先的财富和金钱的象征品。

丧礼中，姻亲关系中最重要的当然是死者的女儿和女婿。他们所给出的唁金金额最高，至少是1000元。他们的另外一个义务就是为"大祭"准备"神食"，也就是准备丧礼第二天灵桌上的供品。一场丧礼下来，女儿和女婿的花费一般是四五千元。而如果死者是女性的话，那么她的娘家人在丧礼上就会拥有很大的权力，他们可能会来"争气"。娘家的男性亲属可能会找孝子的茬，甚至打他，这在死者的丧礼仪式不够隆重的情况下时有发生。

在婚出姻亲中，往往整个族家所有嫁出去的女性(关系近的还要包括其直系后代)都要回来吊唁。而在婚入姻亲中，往往仅仅是死者(女性的情况下)或其(男性的情况下)配偶的亲兄弟姐妹以及堂兄弟姐妹前来吊唁；死者

儿媳或孙媳的娘家人则往往仅仅是其父母和亲兄弟姐妹前来吊唁。也就是说，婚出姻亲的范围涵盖了五服的整个范围，而婚入姻亲的范围则要小得多。

婚入姻亲和婚出姻亲在范围上的差异可能是由年龄和辈分上的差异导致的。死者的年龄往往较大，而前来吊唁的人则往往都是晚辈。作为“婚出姻亲”的女性，她们在出嫁之前在族家内部与死者有认识和接触的机会，因此在自己认识的长辈去世的时候回来吊唁是理所当然的。而作为婚出姻亲的女性在出嫁之后和娘家人的晚辈接触就不多了，虽然很多晚辈和其关系没有超过五服，但是在这些晚辈出生的时候，这位姑姑辈或姑奶奶辈的女性已经嫁出，彼此之间认识和接触的机会就少了，所以娘家人来吊唁的就仅仅限于近亲。

街坊一般是在丧礼的第二天晚上前去吊唁，他们除了给出20～50元不等的唁金之外，还会带来一沓纸钱。礼金是对生者的慰问，纸钱则是表达对逝者的哀思。根据村里的死亡统计资料可知，1967～2015年间大寨村平均每年有20人去世，也就是说一年当中平均不到20天就会有一人去世。村民去世的消息会在村内通过各种渠道迅速传播开来。跟逝者家庭“有来往”的家庭就要准备在丧礼当天前去参祭。朋友一般是在第二天上午来参祭，他们给出的金额往往较多，一般不少于100元。

（三）生子

如果有村民添子，那么亲戚街坊和朋友都会带礼物去庆贺。按照传统做法，媳妇的娘家人要备厚礼。按照过去通常的做法，娘家人要用食盒装着1斗（约合10升）米、1斗面和120个鸡蛋到亲家去庆贺。而现在随着村民经济条件的改善，娘家人的礼物往往是1袋大米、1袋小米、1袋面粉和200个鸡蛋。同时现金开始出现在娘家人的礼单中，多的甚至10000元或者20000元，少的也有几千元。其他关系比较近的族人和亲戚过去往往用“筦子”装上面条或者鸡蛋去庆贺，而现在这些礼物则被现金所取代，他们往往带上100元或200元的现金。关系一般的街坊过去往往带上20个鸡蛋或者几包面条前去庆贺，这些东西主家不会完全收下，而是仅仅留下几个鸡蛋或者一两包面条，将剩下的“压”回去。留下的鸡蛋数目有些讲究，如果是男孩，留

下的鸡蛋数目就必须是单数；如果是女孩，留下的鸡蛋数目就必须是双数。至于为什么会有这种单数和双数的讲究，村民已经无法讲出其中的含义，只知道这是过去留下来的传统。但是，从2014年开始，已经有村民不再送鸡蛋和面条，而是直接送现金了。

作为一种即时的回报，主家要宴请前来道喜的亲戚朋友。过去，宴席一般是在生子后的第六天举行，现在则一般定在生子后的第九天。在亲戚朋友送来鸡蛋和面条等实物礼品的情况下，主家一般在家中自己做饭招待客人。而现在，在亲戚朋友用礼金代替实物礼品的情况下，主家则要到饭店里面去招待客人。对于送来的礼物较少的街坊，主家则不必宴请，只是回赠给他们几个熟鸡蛋和一些喜糖。

（四）温锅

村民分家或迁往新家居住的时候，亲朋好友会前来庆贺，村民将其称为“温锅”。以前搬家时，村民要在原来的家中做好一锅米饭，搬完后将饭锅端到新居，然后将饭温热后全家食用，这就是“温锅”的来源。亲朋好友前来“温锅”，一般会携带酒肉、豆芽、豆腐、白菜、发面、黏糕等，豆芽寓意“生根发芽”，豆腐寓意“多福”，发面寓意“发家”，白菜寓意“百菜”，黏糕寓意“年年登高”。大概从20世纪90年代开始，这些传统的商品逐渐被购买来的商品所代替，“温锅”的礼品变成了电磁炉、蒸锅、盆子、暖壶等。而近几年，这些礼品则逐渐又被礼金所代替，礼金的数目一般是100元或者200元。在过去，“温锅”都是主家在家中做饭招待客人，现在则一般去饭店招待客人。前来“温锅”的亲朋好友的范围要比丧礼和婚礼来的客人的范围小得多。族亲和姻亲里面一般是不超过三服的近亲过来“温锅”，街坊里面也只有类似关系特别要好的人才来庆贺。

（五）升学

考上大学是另外一件值得村民庆贺的事情。在大寨村，只要家里有孩子考上了大学，村民一般都会前来祝贺一番。前来庆贺的亲朋好友一般都会带100元或200元的礼金，特别亲近的长辈会给出更高的礼金。前来贺喜的亲朋好友的范围与“温锅”时来的相似，都是近亲和关系好的朋友。

第七章 民间信仰

按照武雅士的论述，中国民间信仰的崇拜对象可以分为神、鬼和祖先三个范畴。[①] 鬼和祖先都是去世的人的灵魂，自己祖先的灵魂是崇拜的对象，而其他人祖先的灵魂则被划入了鬼的范畴，是一种危险的存在。中国民间信仰中的神灵则包罗万象，数量众多，佛、道两家的神祇或者圣人都有可能成为民间信仰的崇拜对象。中国的民间信仰往往是"弥散的"，通常情况下不会形成组织化的教会和制度，而是渗透在日常的生活之中。[②] 人们崇拜祖先和神灵并不是为了获得来世的回报，而是求得现世的幸福，追求福、禄、寿、喜等世俗社会对美好生活的设定。大寨村的民间信仰活动也具备中国民间信仰的一些基本特点，但是也呈现了一定的特殊性。

一、信仰基本状况

当地祭祀的神灵种类繁多，常被提到的有天爷爷、观音奶奶、王母娘娘、泰山奶奶、财神爷、眼光奶奶、车神、路神等。村中新修的七圣堂中供奉着玉

---

① 参见［美］武雅士：《神、鬼和祖先》，载［美］武雅士编：《中国社会中的宗教与仪式》，彭泽安、邵铁峰译，江苏人民出版社 2014 年版，第 185 页。

② 参见杨庆堃：《中国社会中的宗教》（修订版），范丽珠译，四川人民出版社 2016 年版，第 229 页。

皇大帝、观音菩萨、孔子、孟子、增福财神、地藏王、牛王“七圣”。村民家中则供奉着灶神和财神。此外，村子周围的某些自然空间也可能被当作某位神灵的居所，比如村民认为村西的虎头岭居住着一位虎仙，所以没有人敢在虎头岭上动土。当修建高速公路需要经过虎头岭时，村民还特地举行了仪式请虎仙暂时避开。

节庆是举行宗教仪式的重要场合。每年的大年三十、正月十五（元宵节）和七月十五（“鬼节”），是村民在家中举行祭祀仪式的日子。在这三个日子中，祖先和神灵都会得到祭祀（可参见本书第五章的论述）。

在以上3个节日中，祖先和神灵一块得到祭祀。上坟则是单独祭祀祖先的仪式。一年之中，除了祖先的忌日，村民上坟的日子有3个，分别是清明前一天的寒食节、过麦坟、十月一。过麦坟的日子不定，麦收结束之后到农历六月份之前都可以。上坟以家庭为单位进行，如果父母去世，出嫁的女儿要回来给父母上坟。上坟时除了带上祭品，也要烧纸钱。

有些仪式则是单独祭祀神灵的。虔诚的村民都会在每月的初一和十五祭祀神灵。村中新修的寺庙七圣堂在每月的初一和十五都会开门，这时有些村民就会前来祭祀。有些村民则将祭祀神灵融入他们的日常生活之中，在家里设有供奉财神和灶神的神龛，逢年过节会摆上祭品祭祀。有些村民平常蒸了馒头或者包了水饺都会先给财神和灶神供上，甚至每泡一壶茶都要先将第一杯给家里的财神和灶神“喝”。

在所有的祭祀活动中，都少不了三样东西：祭品、冥币和香。祭品供祖先和神灵“享用”，纸钱则要让他们带去冥界或者神界供日常“花销”，焚香则是一种沿袭下来的习俗。给祖先烧纸钱可以区分出两种含义。逝去的祖先长时间生活在冥界，而在人们想象中，冥界却没有经济生产活动的存在。按照武雅士的说法，在农民的想象中神灵世界对应的是帝国的官僚体系[①]，那么冥界的性质就类似于这个官僚体系中的司法系统。逝去的祖先进入冥界就像是一个到了外地的游子，还需要从原来的家庭中获得生活费用。如果活着的人不给他们烧纸钱，他们就会“缺钱花”。同时，祖先逝去之后，在一定意义上变成了神灵，因此给祖先的纸钱也有一些“讨好”他们的意味，村民

① 参见[美]武雅士：《神、鬼和祖先》，载武雅士编：《中国社会中的宗教与仪式》，彭泽安、邵铁峰译，第150页。

通过给他们烧纸钱祈求他们的保佑。给神灵的纸钱则主要具有后一种含义，神灵处于一种官僚体系中，他们的收入有保障，不会缺吃少喝，因此给他们的纸钱是带有贿赂性质的礼物。

村民焚烧给神灵的“钱”常见的有三种，分别是“火纸”、元宝以及一种模仿人民币制作的冥币。“火纸”与A4纸一般大小，为黄色，纸质很薄，表面粗糙。大概2厘米厚的一沓“火纸”被称为“一刀”。在焚烧“火纸”之前首先要以“刀”为单位在上面压上铜钱状印痕。元宝主要分为两种：一种是用金箔纸（见下图）和银箔纸叠成，一般金色和银色的成对使用；另外一种是用“火纸”糊成，上面贴着圆形的双喜。

用金箔纸做成的元宝

除了烧纸钱和元宝，在祭祀仪式中村民还会烧模仿人民币制作的冥币。在冥币上，“玉皇”的头像代替了毛泽东的头像，“天地通用银行”则代替了“中国人民银行”的字样。除了这些代表政治权威的标志和元素，冥币的面额则显示了其经济属性。冥币的面值不是100元，而是10000亿。显然，人们在对冥币的设想中没有考虑到通货膨胀的因素，人们朴素地以为面额越高，财富越多。在真实世界中受到限制的财富欲望在冥币中得到了象征性的表达。

二、宗教建筑与遗迹

大寨村建村历史悠久，村内存在若干古老的宗教建筑，如土地庙、玄帝阁、罗汉殿、镇武阁、观音堂、七圣堂等。

1. 土地庙

在中国传统的村落中，每个村必有一个土地庙，大寨村也不例外。在大寨村，土地庙在村民生活中发挥了重要作用，尤其是在丧礼中它是“送浆水”的去处。在村民的想象中，人死后亡魂会在阳间逗留，逗留的地点就是土地庙。大寨村土地庙的建庙时间已无可考，但是土地庙地址的变迁尚可追寻。

土地庙

据村内老人讲，土地庙最初建在“三山不显”的河北山上，是一栋独立的建筑。根据清嘉庆十七年(1538 年)的《七圣堂施地碑记》记载，土地神当时

被迁入七圣堂内。中华人民共和国成立之后，七圣堂里的神像被全部推倒，土地神也被毁坏，七圣堂成了大寨乡政府的办公场所。1958 年，村里有人在紧邻长泰桥的河北岸的小坡上，搭起了一座简易的土地庙。2014 年，村里重新修缮七圣堂，土地神作为“七圣”之一得以重塑，但是原来的简易土地庙仍旧是村民“送浆水”的去处。

2. 玄帝阁与镇武阁

玄帝是北方之神，而大寨村位于锦阳关之北，这可能是大寨村设立玄帝阁的原因。村内现有 1 通“玄帝阁”石牌匾，高 0.42 米，长 8 米，现置于镇武阁东墙之上。另有明朝万历三十一年（1603 年）的《重修玄帝阁庙碑记》，内容如下：

> 兹庄南距莱邑接章城，由古迄今，诚胜地也。其中有两庙建为，一曰观音堂，一曰玄帝阁。盖历□一百余禩矣，盛深世远不觉而倾颓焉，而□无整理若者。一日捧香而上，徘徊四顾，触于木而感于心。愕然曰：此庙为往来□□奉者也，安忍坐视不修乎？于是率庄中善者信者以修筑焉。不踰月而□。众施财之所起，实由二人精诚所至也，若谓期福免祸而为，吾不与也。故□以表丹稽。

通过碑文可以看出，当时玄帝阁已经建立 100 余年，但至于其具体何时被建，又在何时被毁已经无从可考。

玄帝阁石牌匾

在清光绪年间的(1875～1908年)《重修镇武阁碑记》中，又出现了“镇武阁”的名字，通过碑文的描述可以看出，镇武大帝实际上就是玄帝。碑文中提道:“镇武何以传说者，曰净乐国之善胜皇后梦吞日有娠，开皇元年三日诞于宫……”这通常是人们对玄帝的描述。玄帝有时又被称为“真武大帝”，因此“镇武”可能是对“真武大帝”的不严格称谓。从玄帝阁和镇武阁两处的碑文大致可以推断，玄帝阁被毁之后，人们又在原址上修建了镇武阁，原玄帝阁的位置就是现在镇武阁的位置。1937年12月，日军侵入山东，韩复榘部队逃跑时，因镇武阁妨碍汽车通行，便强迫村民将其拆除，整个建筑仅剩下东、西两侧的墙基。

3. 罗汉殿

大寨村的罗汉殿是佛教遗址，现在已经无法考证何时建造及何时毁坏。《大寨村志》推测其是在南北朝时期的灭佛运动中被损毁的。据传，后来罗汉殿中长了很多古柏，修胶济铁路时，古柏被砍伐运至普集火车站做了枕木。罗汉殿后又被辟为耕地。中华人民共和国成立前后，罗汉殿旧址成为村民文娱活动的中心之处。1970年之后，此处又被辟为地基，盖了很多民房。2005年修建高速公路，又将这里的住户搬迁他处。

4. 观音堂

据明万历三十一年(1603年)《重修玄帝阁庙碑记》记载，大寨观音堂在当时已有百余年的历史，但观音堂始建于何时已无法考证。村里人推测，观音堂的地址应该是现在村内七圣堂的地方。

5. 七圣堂

村内保留的清乾隆八年(1743年)《七圣堂新塑神像碑记》记载了当时村内重塑七圣堂神像的事件，这是村内保留的关于七圣堂的最早记载。明朝万历三十一年(1603年)的《重修玄帝阁庙碑记》中没有提到“七圣堂”的名字，所以七圣堂的修建时间应该是在明朝万历三十一年(1603年)到清乾隆八年(1743年)期间。据村里人推测，当时应该是在原观音堂中又增加了神灵，从而有了七圣堂。根据嘉庆十七年(1812年)《七圣堂施地碑记》的记载，当时村民对七圣堂重新进行了修缮。

中华人民共和国成立之后，七圣堂失去了原有的功能，成为大寨乡政府的办公院落。1958年又成为大寨乡卫生所所在地。1979～1985年成为大寨

大队的办公室。2011 年春，经重新修葺，七圣堂定名为“观音庙”。2013 年，经过更为全面的修葺，庙里重新塑造了七尊神像并举行了开光仪式，庙名又重新定为“七圣堂”。

2014 年，村民又一次集资对七圣堂进行了修缮，重塑了观音、关公、地藏王、土地神、孔圣人、增福王、牛王七座神像。此次七圣堂的修缮由村里三位德高望重的老人具体操办，得到了村民们的积极响应，捐款人数 356 人（包括少数外村人），捐款总额 15 万余元。捐款数额超过 100 元的村民，其姓名就可以镌刻在庙前的石碑上。

七圣堂

对村民来讲，修庙是一件“好事”，村民通过捐款表示支持，也希望自己在村内留下了一个好名声，而将捐款人的姓名刻在石碑上则可以让这份名声流传后世。三位主持修庙事宜的老人都明确宣称自己并不信神，他们操办这件事情并不是因为信仰上的虔诚，而主要是为村民提供方便。

村民捐款并非全部是为了名声。刻录捐款者姓名的石碑被称为“功德碑”，这意味着村民捐款的基本目的是积累功德。对很多村民来讲，通过捐款积累“功德”，自己就可与神灵发生某种交换关系，从而获得某种福报。对于捐款数目少于100元的村民来说，他们捐款主要是出于信仰方面的考虑。捐款数目少于100元的村民共有44位，共计捐款646元。

三、车辆信仰

现在，车辆是大寨村村民做生意最重要的工具。自从购买了三轮车之后，村民就开始了“敬车”的祭祀活动。在“玩大车”的村民中，“敬车”更为兴盛。一年之中“敬车”分了4个时间点，分别是过年、正月十五、七月十五以及车的“生日”。村民买了车之后，就会选定一个日子作为车的生日，这一天要祭祀一下，而且以后每年的这个日子都要进行祭祀。

除了车的生日，其他3个“敬车”的日子都是传统上村民祭祀神灵的日子，传统的信仰模式在此得到了复制。在这3个日子中，家中有车的村民除了按照传统的方式祭祀神灵和祖先之外，还需要另外摆上一个供桌来“敬车”。供桌要摆在汽车前面，上面放上供品。一位车主告诉笔者，每次“敬车”的时候他都要放上生菜、苹果、芹菜、豆腐这四样东西，因为这四样东西的谐音分别有其寓意，即“生财”“平安”“勤劳”“都有福”。“敬车”的时候村民一般会包水饺，并炒几个菜。供品摆好之后，先焚香烧纸，再燃放鞭炮。在“敬车”时，有2个传统神灵得到了特别的重视，即“车王老爷”和“眼光奶奶”。这两位神灵的职责都是保佑行车平安。村民“敬车”时提到眼光奶奶的意思在于希望神灵能够帮助司机“长眼”，防止意外的发生。除了这两位神灵，财神也受到相当的重视。平安和发财是村民敬车的两个主要愿望。

车主虽然都“敬车”，但他们在信仰的虔诚程度上是有差别的。我们也可以将车主的信仰分为3个类别：第一类是信仰十分虔诚的，第二类在信仰上则处于一种模棱两可的状态，第三类则表示根本不信。在这三类人中，第一类特别虔诚的和第三类态度鲜明地表示自己不信的都是少数，第二类群体占了大多数。

笔者接触到的一位黄姓村民可以看作信仰十分虔诚的代表。之所以将

黄某归到对车辆信仰比较虔诚的一类，是因为他专门找了一个“姑娘”当“带娘”，这在车主中是比较少见的。“带娘”是当地方言中对“干娘”的称谓，有时候大人会给儿童找个“带娘”以祈求孩子能够平安长大。黄某为了生意上的顺利给自己找了一个“姑娘”当“带娘”，意思就是让这位“姑娘”带着自己做生意。黄某的这位“带娘”是邻村的一位“姑娘”，在附近挺有名气。逢年过节黄某都会到这位“带娘”家中坐坐，带上点礼物，跟“带娘”汇报一下近期的生意状况。平常遇到不顺利的地方，他也会去请教“带娘”。

第二类是在信仰上处于模棱两可状态的车主。这类车主不会明确地宣称自己信奉神灵，也不会像上文中的黄某那样虔诚地找一位“带娘”以便随时咨询，而是只有在生意不顺利的时候才会去找“姑娘”看一下。在生意顺利的时候，他们只是按照通行的做法进行“敬车”的仪式。另外一位黄姓村民就是这类人的代表。他以前跟弟弟合开一辆车，两人轮流出车。他弟弟出车的时候通常都是顺顺当当的，没有什么意外发生。可是他出车的时候总会遇到各种不顺。要么车坏了，要么没生意……总之就是不顺当。于是他请了邻村的一位男“姑娘”来帮他看看。

第三类车主则是明确宣称自己不信“这一套”，即使在生意上遇到了的困难的时候也不会找“姑娘”咨询。一位张姓村民就是这种情况。他在2014～2015年间生意上接连出现了一些不顺。先是因为卷入了当地沙场主和村委会的矛盾导致自己的车子被砸坏，然后车子又被扣留了半个月导致轮胎全部报废。后来自己临时雇佣的司机出了车祸，造成了很大的经济损失，司机又将他告上了法庭。但是尽管遇到了这么多不顺心的事情，他却没有去寻求“姑娘”的帮助，他明确地说自己不信这些。

随着车辆在村民的生计中变得越来越重要，“敬车”以及因为生意上的事情找“姑娘”咨询的现象逐渐兴起。在村民的生计主要依赖农业的时候，围绕农业生产村民也有一系列的仪式，譬如祈雨、“打囤”。随着村民的生计逐渐由农业转变到了商业，农业上的收成对村民生活水平的影响已经变得微不足道，这也就导致围绕农业生产的一系列仪式，如祈雨、“分龙日”“打囤”的风俗在村内都消失了，而围绕着商业活动的主要工具——车辆的信仰和仪式变得越来越重要。传统的信仰以新的形式在人们的生活中得以继续存在。

第八章 村里的人 村里的事

本章主要是通过人物和故事的介绍来反映大寨村历史和现状的某些侧面。其中“村支书讲村史”部分系根据作者对担任大寨村党支部书记30多年的孙继昌先生的访谈整理而成，试图结合他的工作经历来呈现大寨村过去30多年发展史的一个简要轮廓。“板话天才王维生”和“张传淇闹县衙”则是从《大寨村志》和《三德范村志》上摘录的两则人物故事，以图反映大寨村村民生活的豹之一斑。

一、村支书讲村史

孙继昌生于1954年，他担任大寨村党支部书记有36年之久。对于大寨村在改革开放之后的发展情况，没有谁比孙书记更清楚。为了完成本书写作，我对孙书记进行了一次访谈，在了解他的工作经历的同时，也对大寨村近40年的历史作了大致的梳理。

孙书记于1972年毕业于章丘五中，1974年开始担任大寨村的团支部书记，在担任团支书期间进入公社团委常委，并在公社工业工作组任职。1976年7月加入中国共产党，并于1976年9月开始担任大寨村党支部书记，而且一干就是23年。1999～2004年，他调入文祖镇工作，2004年他再次返回村

中担任支部书记一职，并一直干到现在。在1976～2017年的41年中，除去调入文祖镇工作的6年，他一直“主政”大寨村。

孙继昌书记（陈正茂　摄）

（一）走马上任

在孙书记担任村书记之前，村内的老支书曹振德因为身体原因无法继续工作，只得退居二线。曹振德退居二线之后，村里的领导班子一时无法稳定下来，人员不断更替。孙书记当时只有20几岁，但是在团支部书记的职位上已经干得十分出色，取得了公社党委的信任，于是在村内领导班子组建困难之际，他“临危受命”，走马上任，一个年轻的小伙子负担起了领导大寨村2000多人的重任。在村民记忆中，1976年发生了两件大事：一是毛主席逝世，二是唐山大地震。地震过后，村民都搬到了临时搭建的棚屋之中。孙书记依然记得，当时就是在地震棚中，公社党委书记提出了让他担任大寨村党支部书记的建议，经过一番思考，他答应了。当时，村民和大队领导班子的其他老同志对这个小伙子并不看好，但是没想到的是，他竟能够把工作干得有声有色，获得了大家的一致认可。

在人民公社时期，孙书记认为最值得记录的事情是“农业学大寨”。大寨村与山西的“大寨”同名，在这一历史背景下，2 个同样名为“大寨”的村庄发生了联系。1976～1980 年间，公社统一调动村民修整大寨田[①]、修水渠、修道路，全村每天有五六百个劳动力出去做义务工，村民每年出的义务工达到了 3 万～5 万个工作日。出工的时间集中在冬季的两三个月，因此这一时期村民一年到头都在劳作，每年休息的时间仅剩过年的十几天，有时候还要“打夜战”。通过几年的努力，村里的水浇地由原来的一二百亩扩增到了五六百亩，近 300 亩农田得到平整，修筑了十几公里的生产路。章丘的垛庄水库也是在这一时期修建的，并通过引水工程使得大寨村的部分土地得以灌溉。“农业学大寨”对粮食产量的提高起到了显著作用，从《村志》中的资料可以看出，在 1975 年之前大寨村的粮食亩产一直徘徊在 100～200 公斤，而在“农业学大寨”的几年，粮食亩产迅速上升，一度达到了 350 公斤。

在当时“以粮为纲”的大政策下，农业生产是第一要务，村民通俗的说法是“先治坡，后治窝”。作为大队书记，孙书记的日常工作中最重要的一项就是监督每个生产队的工作进度。每天早上他都要围着全村的田地转一圈，一圈走下来，孙书记就了解了每个生产队的工作进度和工作质量。了解情况之后，就根据需要召集生产队队长开会，对不同生产队的工作提出批评或者表扬。在农业的生产管理上，公社党委会作出具体的指示后，比如种植的种类、面积、品种、密度等，生产队是否能够按照上级的要求进行农业生产也是孙书记日常巡查的重要内容。

（二）集市街与粮食街的修建

1983 年 1 月，大寨村大队党支部、管委会出台了《大包干生产责任制管理意见》。随着“大包干”的实行，村集体失去了固定的收入来源，如何扩大集体积累，并为村庄建设寻找资金来源成了孙书记面临的一个挑战。在孙书记的领导下，大寨村开展了几项村庄建设工程。这几项工程一方面带动了村里的经济发展，改变了村里的面貌；另一方面也给村里带来了一定的集体积累。现如今，大寨村是附近几个村中少有的村干部全职坐班的村子，原因之一就在于村里的经济条件允许村里给村委会的工作人员发放一定的工资补贴。

① 指模仿山西省大寨村的模式修田。

集市街和粮食街的修建是改革开放之后村庄建设中的两件大事。通过村庄的台莱路建成之后，原来的明莱路就被废弃了，于是村委会就计划将大寨集从原来的老街搬到明莱路旧址。1993 年搬迁工作开始，1994 年搬迁落成仪式举行，并立碑 1 通。集市街的修建资金主要来源于集市街两旁宅基地的拍卖收入，大寨村巧妙地将村集体对土地的所有权转化为村庄建设的投入。在当下中国城市建设中，利用土地出让金投资市政建设的做法十分普遍，大寨村的做法也是基于同样的原理。

在集市街建设之前，村里首先在街旁划出了近 60 户宅基地，采用竞标拍卖的方式卖给村民。刚开始竞标时一块宅基地售价在 1 万元，后来价格不断抬升到了 3 万，60 户宅基地共拍卖了 100 多万元。在 1993 年左右，3 万元对于农村居民来说不是一个小数目，当时“万元户”还是形容富裕村民的一个常用说法，可见当时很多大寨村村民已经有了一定的财物积累。此次竞标秉持公开公正的原则，村干部都不允许参与。竞标者首先要交一定的保证金，如果最后没有中标，那么自己的保证金就会搭进去。据说有的村民后来又转卖宅基地，一倒手就能赚上几万块钱。竞标者主要是村中通过经商已经富裕起来的一部分村民，他们主要是想获得一个好的地段，继续从事商业经营。

当时第一批宅基地的拍卖获得了 20 多万的资金，这些资金被用于将原来的土路扩宽，使之变成了平坦开阔的水泥路。时任县委书记到大寨村考察时，看到开发的形势不错，于是就现场拍板，将原来规划的路段进一步延长，最终形成了大寨村现在近 900 米的集市街。当时通过拍卖宅基地获得的资金除了用于道路拓宽、硬化等工程支出之外，还用于土地占用的补偿支出，因此在完成集市街的建设之后，村里并没有很多资金结余。整个集市街工程持续了近 3 年的时间，后来又进行了几次维修。

台莱路修建之后，连接台莱路和明莱路旧址的东西街就成了进村的主要通道。这条路本来只有 7 米宽，改为粮食街之后拓宽成了 20 米。这条粮食街是 1998 年夏天筹建的，资金来源主要是村里账上结余的 30 余万资金。粮食街两旁的宅基地采用的不是拍卖而是租赁的方式出让给村民，由村里统一划拨土地，村民按平方数每年向村委缴纳租金，这就给村委带来了固定的收入来源。

(三)古村新貌

2004年,孙书记重新回到大寨村工作,借着国家惠农政策逐渐增多的大形势,又为村里做了几件大事。而这一时期,大寨村建设资金的主要来源已经不是村民的钱兜,而是国家财政拨款。争取国家的政策和资金扶持成为村支书工作的重要内容。

回到大寨村,孙书记开始整顿村庄管理中出现的一些弊病。村里出现了一些乱建沙场、乱占宅基地的行为,租金也难以收缴,村里的财务状况一团糟,孙书记便从这些方面着手整顿。

理顺了财务关系之后,孙书记紧接着面临着另外一个大事情,即京沪高速公路的拆迁和占地问题。对于孙书记来说,京沪高速公路的修建既是一个工作的挑战,也是壮大集体积累的一个机遇。2005年,经过村内的高速路开始修建,涉及村内74户的拆迁问题,这项工作前后持续了3年的时间。高速公路的修建占地补偿中属于集体的部分有200余万元,这些资金的一部分被用在了“新农村建设”上。

在国家的政策背景下,2006年大寨村抓住机遇开始了新农村建设,用“轰轰烈烈”来形容村里的这场建设运动并不为过。大寨村被选为“新农村建设示范村”,政府投入70%,村里投入30%,总投入280万。按照这一比例,村委会的出资有80多万元。大寨村的新农村建设共完成了12项工程,包括道路硬化3271米、新建幼儿园1处、道路美化、安装路灯90盏、配备垃圾箱8个、新建卫生室1处、建沼气池100个、自来水改造100户、新建2000平方米文体广场1处、村内服务大院建设517平方米、新建绿地3000平方米、新建太阳能浴室1处。通过新农村建设的各项工程,大寨村的村容村貌发生了极大提升。

新农村建设完成之后,紧接着是村里的河道整治。由于长期淤积,流经村内的大寨河河床不断抬高,有些地方的河床已经几乎跟河岸齐平。在历史上大寨村曾经多次发生洪涝灾害,每次都使村民遭受巨大的经济损失,危及村民的生命安全,对洪水的记忆仍然让许多村民谈之色变,因此河道整治是一项防患于未然、未雨绸缪、造福后世的工程。2006～2008年,大寨村对村内近700米河道进行了清理,挖出了3万多平方米的淤泥,后来又对村外

老虎岭附近的100多米的河道进行了清理。河道的清理和整治过程还占了高速公路修建的“便宜”。孙书记说，当时修建高速公路的工程队剩下了一些备用的水泥桥板，最后无处清理，于是村里以很便宜的价格将这些桥板买了下来。这些按照高速公路建设标准制成的桥板跨度有10米多，能承重50多吨，用在村里的跨河桥梁上再好不过了。这样，用吊车将几块桥板并排架在河上后，也不用建桥墩，一座座坚固的桥梁就建成了。购买这些桥板的费用不到2万元，但如果这些桥板由村里自己建设的话，至少要花费十几万，如此一来就为村里节省了10余万元。

2008年，村里在北埠子又打了一口机井，并建设了一处能存储500立方米水的水仓，村里的用水紧张状况得以缓解。2009年，村里开始了楼区的建设。楼区的建设可能是改革开放以来在大寨村村庄建设中最具意义的事件。

2009～2014年，大寨村总计投入约8000余万元，建成了建筑面积约4.6万平方米的居民区，包括9栋公寓楼、2栋老年公寓和1处社区服务中心。

新建小区内的公园(陈正茂　摄)

在这一阶段，新农村建设资金、高速公路占地补偿金以及向政府销售土地指标的收入都获得了国家财政的资金支持。在国家对农村政策和资金扶持逐渐加大力度的情况下，大寨村成功抓住了机遇，古老的村落展现出了新的面貌。

（四）古村保护

古村的保护在村庄发展中的地位正变得越来越重要，近些年《大寨村志》的编纂、七圣堂的修复、姜公祠的修建都可以看作是大寨村挖掘村落文化、保护古村落的几项重要工作。

孙书记和村民张福成先生10多年前就探讨过编纂《大寨村志》（以下简称《村志》）的想法。张福成先生曾经在村里担任过村干部，后来又调往水利部门工作，他对历史比较感兴趣，也是村中少有的学识丰富之人。2004年，孙书记回到大寨村之后，大寨村的邻村三德范村已经先行编纂了村志，于是《大寨村志》的编纂就被提上了日程。《村志》由孙书记担任主编，张福成先生担任执行主编，并组成了一个七人的编纂委员会。在写作过程中，孙书记对《村志》内容逐章进行了审定，30多年的村支书工作经验使得他对村内的大小事情了如指掌，这些经验在《村志》编写过程中也有了用武之地。张福成先生负责编纂工作的统筹执行和具体协调安排，他对齐长城和锦阳关的独到研究也使得《大寨村志》增色不少。历时两年多，《大寨村志》终于在2011年出版。《大寨村志》分为12篇，共49章、50余万字，内容翔实丰富，涵盖了人口姓氏、道路、农业、商贸金融、村庄建设、村政军事、文教卫生、党政群团、生活习俗、古遗迹、村落人物等，为大寨村村民留下了宝贵的资料。

《大寨村志》发布现场（陈正茂　摄）

除了《村志》的编写，大寨村古村保护工作中另外一项重要工作则为七圣堂的修复。七圣堂是村中历史悠久的宗教建筑，在中华人民共和国成立之前庙中有常驻住持，并拥有庙产。

在七圣堂修复之后，大寨村在古村保护工作中做的另外一件事情就是修复保安山的围子。保安山围子现在被列为济南市重点文物保护单位。围子的修复另外一个目的则是为村民提供一个休闲运动、登高观景的场所。随着村民生活逐渐富裕，村民休闲、娱乐和运动的需求也逐渐增强，围子登山路的修建也为村民登山、休闲提供了便利。

孙书记说，古村保护的下一步工作可能是将南街、北街的老石板路加以恢复。现在，老石板路被后来铺上的水泥路面覆盖了，因此需要将表层的水泥路抠掉，让原来的石板路“重见天日”，届时大寨村将呈现出更为浓郁的古村气息。

现在大寨村已经被列为“山东省第三批古村落保护单位”。在村民生活逐渐富裕，居住条件逐渐改善，村庄基础设施建设也逐渐完善的基础上，对村落文化的发掘和保护逐渐成了村庄发展更高层次的追求。

二、板话天才王维生

在大寨村流传着一个“板话天才王维生”的故事。板话被村民称为“顺口溜”，但实际上其又比顺口溜更具故事性。故事的主角王维生的乳名叫“王甲子”，生于1906年8月，1982年1月病故。

王甲子没有读过多少书，只认识几个字，但是他却无师自通，即景生情，随口就能来上一段板话。无论在哪里，村民碰到他都会让他“来一套”，王甲子就会根据当时的场景编上一段，引得众人欢声叫好。春天，王甲子去挑水，看到洗衣服的妇女，王甲子脱口而出：“您拆了棉来绸单，吓得那蜂子跳了湾。”夏天，王甲子从坡里干活回来，遇到众人在槐树下乘凉，别人喊他“来一套”，他马上脱口而出：“也有老，也有少，您看那槐虫子上了吊。”

夏末秋初，王甲子种的一棵番瓜果实累累，他边摘番瓜边自言自语：“夜日一筐，今日一筐，就是一棵番瓜秧。”年景不好时，青黄不接，众人口粮不济，大家为了吃饭问题忧心忡忡，王甲子就编顺口溜安慰自己的妻子：“祥子他娘你别心焦，麦子几天不就黄了梢。”秋天晒瓜干最怕遇上连阴雨

天了，而王甲子家的房子还不时坍塌，王甲子就会苦中作乐说："家里张[1]，坡里烂，这个日子怎么办！"家里住的草房坍塌了，乡亲们帮着他拆旧屋盖新房，他边干活边说道："不用慌，不用忙，咱拆了草房盖瓦房。"

板话不仅仅伴随着王甲子的日常，在生活遭遇变故之时，板话也是他表达自己感情的方式。王甲子妻子去世的时候，看着与自己相依为命的妻子要走了，在出殡起灵时候他一把攥住妻子的手，哽咽道："祥子他娘你在[2]走，临走咱俩握握手。"一句话让大家眼里都噙着泪。

邻村三德范也有一位板话天才姜某，他经常赶集卖席子。一日他来到大寨集来赶集，碰到了王甲子，二人棋逢对手，对决起来，你一句我一句，足足说了半晌。

姜笑道："一头帘子一头席，大寨庙前来赶集。"

王对道："姜大哥你来赶集，今日我想买领席。"

姜放下担子，擦了擦汗，说："擦擦汗歇歇腰，出开摊子即[3]你挑。"

王又对道："歇歇腰擦擦汗，准是没吃早晨饭。"

姜又说："要吃饭，也不难，店里吃个肚儿圆。"

王说："姜孟哥您别客气，咱上我家吃饭的。"

二人的对决引来了众人的围观，大家纷纷拍手叫好。两人怡然自得，继续你一句我一句地往下说着。

王甲子一生编出的板话难以计数，现在许多村民提起他时仍然赞不绝口。

二、张传淇闹县衙

大寨村保留了一通清朝光绪年间的"戒赌碑"，可以看出当时村内赌博风气之盛行。官府为了禁赌，会不时来大寨村抓赌。一日，当时的章丘县令杨学渊派人到大寨村抓赌，赌徒和组局的老板都望风而逃，衙役只抓住了一个伺候局的名为"张道宽"的穷光蛋。衙役为了交差只好将张道宽带入了狱中。张道宽的妻子向来以行乞为生，听说自己的丈夫被抓，于是就

① 当地方言，表示墙坍塌。
② 当地方言，"马上"的意思。
③ 当地方言，"随便"的意思。

到组局的老板家里来讨人，又哭又闹。组局的老板没办法，只好想办法到县衙打点疏通，但是花了很多银子衙门也没有放人。

后来有人向组局的老板举荐三德范村的张传淇，说其能言善辩，足智多谋，定能帮得上忙。张传淇经营木材生意，经常来往于章莱大道，必然要经过大寨村。于是组局的老板就提前在大寨村路边等候，最终等到了张传淇。组局的老板将张传淇请到家中，设宴款待。觥筹交错中，组局的老板向张传淇说明了自己的难处，想请他出手相助，将张道宽从狱中救出来。几杯酒下肚，张传淇说道："咳！我……当是什么了……不起的大事来，这……太好办了，张飞吃豆芽，小……菜一碟。我……有，窝……头里装鸡蛋，没……有走滚啊！"张传淇让组局的老板拿来笔墨，挥笔写就一纸文书，其文如下：

> 大人杨学渊，章丘的父母官；爱民如爱子，执法铁如山；大寨子去抓局，弄了个满家欢；看牌的跑得快，合局的①一溜烟；剩了个穷光蛋，莱芜张道宽；土地无一垄，房屋无半间；还有个糟糠妻，乞讨满街窜；今日入了狱，一步登了天；晚上有屋住，每日有三餐；但愿运气好，愿把牢坐穿；大人你行行好，关他三十年；莫大的章丘县，不差这几个钱；要是钱富余，再抓几个也不难；只要吃饱了，忘不了父母官；草民爱多嘴，大人你莫纳嫌；今天你放了他，可苦了张道宽。

这份文书最终被送到了县令杨学渊手中，杨大人读罢又气又笑，于是让人传唤张道宽上堂来讯问。一问，果然如文书上所说，衙役抓来的竟是个伺候局的穷光蛋。他于是一边呵斥衙役，一边对张道宽喝道："张道宽！你给我快滚！"张道宽忙跪前几步叩头说道："大人千万别撵我走，我在这里挺好的，我半年多都没吃上这么几天饱饭了。大老爷，我替那些犯人坐牢还不行吗？"张道宽硬是赖着不走，杨大人反倒同情起了他，于是让人取来几吊铜钱给他将他打发走了。

杨学渊又想起那份文书，又气又笑，心想这个张传淇竟然敢戏弄本官，可是细想后觉得他说的也都是实情，也就不再追究了。"张传淇闹县衙"的故事从此就在章丘大地上传开来了。

---

① 即组局的老板。

附　录

一、大寨村历史店铺统计[①]

店铺类型	店主或店名	地点	时间
车店饭店	张明义	北街路北	明清
车店饭店	张执杰	北街路北	明清
车店饭店	王云生	北街路北	明清
车店饭店	陈鸿鲁	北街路北	明清
车店饭店	陈鸿文	北街路南	明清
车店饭店	张执信	北街路南	明清
车店饭店	不详	北街路南	明清
车店饭店	张明纪家，后明鸿图家	北街路南	明清
车店饭店	不详	北街路南	明清
车店饭店	曹振明	南街路东	明清
车店饭店	孙思孝	南街路东	明清

① 此表由《大寨村志》执行主编张福成先生整理，笔者又在调查基础上进行了完善。

续表

店铺名称	店主或店名	地点	时间
车店饭店	李应东(德顺栈)	南街路东	明清
车店饭店	孙恒儒	南街路东	明清
车店饭店	王方福	南街路东	明清
车店饭店	王庆祥	南街路东	明清
车店饭店	王广才	南街路东	明清
车店饭店	黄大儒	南街路东	明清
车店饭店	张明玉	南街河东	明清
车店饭店	赵宗成	南街河东	明清
车店饭店	孙恒明	南街路西	明清
车店饭店	孙恒九	南街路西	明清
车店饭店	王庆山(后田广)	南街路西	明清
车店饭店	黄忠传	南街路西	明清
车店饭店	黄书占	南街路西	明清
车店饭店	王沛堂	南街路西	明清
车店饭店	王景三	南街路西	明清
车店饭店	黄才传	南街路西	明清
车店饭店	李应范	南街路西	明清
车店饭店	黄世忠	南街路西	明清
车店饭店	陈宜静	南街路西	明清
醋厂	明鸿图	北街	民国
弹坊	毕先周	南街河东	民国
弹坊	张福祥	南街河东	民国
弹坊	陈鸿太	北街路南	民国
弹坊	赵宗远	南街	民国
弹坊	黄大宝	南街西坡	民国
德世古	王广州,吕正兴	南街河东	清末民初
灯轿铺	黄世忠	南街路西	清末民初

续表

店铺名称	店主或店名	地点	时间
灯轿铺	李应范	南街路西	清末民初
灯轿铺	张景亨	北街路北	清末民初
豆腐坊	马家	南街西坡	清
豆腐坊	刘加干	南街西坡	清
豆腐坊	刘庆云	南街西坡	民国
豆腐坊	王化普	南街西坡	民国
豆腐坊	孙慎修	南街西坡	民国
豆腐坊	陈宜静	南街路西	清,民国
豆腐皮坊	孙运子家	南街西胡同	民国
糕点	冯曰义	北街路南	清
广货店	叶祥	南街西坡	民国
广货店	张怀瑛	北街	民国
广货店	孙思英	北街	民国
广货店	李应范	南街	民国
广货店	赵子明	南街	民国
广货店	黄世荣	南街	民国
广货店	冯兰田	北街	民国
广货店	陈元宝	北街	民国
广货店	陈凤成	北街	民国
广货店	明文烈	北街	民国
广货店	孙小孟子	南街	民国
广货店	孙思忠(孙敬修)	南街	民国
架子社	孙秀之	南街	清末民初
架子社	王庆恩	北街	民国
煎饼铺	陈淑合	北街路北	明清
酱菜铺	明鸿图	北街路北	民国
酱菜铺	张文成	南街河东	民国

续表

店铺名称	店主或店名	地点	时间
酱菜铺	陈培祥	北街	清,民国
酒店	李成秀	南街西坡	清
酒店	明鸿图	北街	清
酒店	黄世清	南街	民国
零食店	孙高汉办	南街路东	清,民国初
绿豆丸子店	黄书孟,刘守宝之母	南街西坡	民国
冥器店	毕里子	南街	清
馍馍坊	黄经传	南街西坡	明清
木匠铺	陈成思	南街河西	清
木匠铺	陈成忠	南街街东	清
木匠铺	陈成礼	南街河西	清
木匠铺	单广盛	南街西坡	清
木匠铺	孙思聪	南街西坡	清
木匠铺	孙思明	南街河西	清末民初
钱庄	青野钱庄	不详	清
钱庄	三田广钱庄	不详	清
钱庄	黑峪钱庄	不详	清
钱庄	蒲皇钱庄	不详	清
钱庄	义兴号	不详	清
钱庄	双和号	不详	清
钱庄	德至号	不详	清
钱庄	聚兴号	不详	清
钱庄	春荣堂	不详	清
钱庄	广仁堂	不详	清
钱庄	同顺成	不详	清
钱庄	公义顺	不详	清
钱庄	广和号	不详	清

续表

店铺名称	店主或店名	地点	时间
钱庄	集胜号	不详	清
钱庄	恒泰号	不详	清
钱庄	义和堂	不详	清
钱庄	福德厚	不详	民国
钱庄	汇济号	不详	民国
钱庄	德兴义仁记	不详	民国
钱庄	恒昌号	不详	民国
钱庄	德盛恒	不详	民国
钱庄	励顺号	不详	民国
钱庄	荣盛昌	不详	民国
钱庄	聚兴昌	不详	民国
钱庄	天聚成	不详	民国
钱庄	福德厚	不详	抗日战争之前
钱庄	福聚园	不详	抗日战争之前
染坊	南明，陈家	北街	明
染坊	张怀英	北街	清
染坊	陈方合	北街	清
染坊	张义守	南街	清
染坊	张怀普	北街	清，民国
肉铺	陈成君	南街	民国
肉铺	郑广信	南街	清末民初
肉铺	黄子宜	南街	清末民初
肉铺	陈照祥	北街	清末民初
肉铺	王维成	南街	民国
肉铺	鲁希豪	南街	民国
宋家店	不详	不详	明清
铁匠铺	毕登远，张明谟	南街	清

续表

店铺名称	店主或店名	地点	时间
铁匠铺	张明泉	南街西坡	清
铁匠铺	陈成，墩子	南街河西	清末民初
铁匠铺	孙大德	南街西坡	清末民初
铁器店	黄世荣	南街	民国
铁器店	叶蓉	南街	民国
屯粮店	王庆山	南街路西	清，民国
娃娃框子店	朱玉德	南街西胡同	清
香油坊	明鸿图	北街路北路南	清，民国
香油坊	王庆祥	南街路东	清，民国
盐店	闫家	曹家店	明清
药铺	王庆彩	北街	清末民初
药铺	陈淑合	北街	清末民初
药铺	赵宗近	南头	清末民初
药铺	赵宗通	南头	清末民初
药铺	黄继传	南街路西	清末民初
药铺	刘宗仁	南街东张家胡同	清末民初

二、某村民父亲丧礼的礼单

类型	序号	金额(元)	关系
族亲	1	1000	亲叔
	2	30	干亲
	3	30	干亲
	4	50	干亲

续表

类型	序号	金额(元)	关系
婚入姻亲	5	100	儿子的舅
	6	50	儿子的舅
	7	30	妻子大姨家的闺女女婿
	8	50	亲家
	9	100	干姨家的孩子
	10	100	干姨家的孩子
	11	200	孙女姨夫
	12	50	婶子姨家的闺女女婿
婚出姻亲	13	100	堂叔家的女婿
	14	100	堂叔家的女婿
	15	100	堂叔家的女婿
	16	100	外甥,堂叔家闺女的孩子
	17	100	侄女女婿,岳父爷爷和爷爷亲兄弟
	18	100	外甥
	19	100	外甥
	20	100	外甥
	21	100	外甥
	22	200	亲妹夫
	23	50	外甥闺女女婿
	24	50	外甥闺女女婿
	25	100	侄女,和其父亲是堂庶兄
	26	100	侄女,和其父亲是堂庶兄弟
	27	100	侄女婿,和其父亲是堂庶兄弟
	28	100	侄女婿,和其岳父是堂庶兄弟
	29	100	父亲的亲外甥闺女女婿
	30	50	父亲亲外甥
	31	100	侄女婿,和他岳父是堂庶兄弟

续表

类型	序号	金额(元)	关系
婚出姻亲	32	50	姑家的女婿
	33	100	侄女婿,和他岳父是堂庶兄弟
	34	100	侄女婿,和他岳父是堂庶兄弟
	35	100	侄女婿,和他岳父是堂庶兄弟
	36	100	孙女女婿大爷的孙女女婿
	37	100	大爷家的孙女婿
	38	100	三爷爷家的孙女女婿
	39	100	四爷爷家的孙女女婿
	40	100	四爷爷家的孙女女婿
	41	100	亲外甥闺女女婿
	42	60	亲外甥闺女的孩子
	43	100	父亲外甥
	44	30	表弟
	45	30	表弟
	46	50	侄女女婿,岳父爹和他在五服上
	47	50	侄女女婿,岳父爹和他在五服上
	48	50	外甥,三爷爷家的外孙
	49	50	父亲的外甥
街坊	50	30	街坊
	51	20	街坊
	52	30	街坊
	53	30	街坊
	54	30	街坊
	55	30	街坊
	56	30	街坊
	57	50	街坊
	58	20	街坊

续表

类型	序号	金额(元)	关系
街坊	59	30	街坊
	60	30	街坊
	61	20	街坊
	62	20	街坊
	63	10	街坊
	64	50	街坊
	65	30	街坊
	66	20	街坊
	67	20	街坊
	68	50	街坊
	69	20	街坊
	70	20	街坊
	71	20	街坊
	72	20	街坊
	73	20	街坊
	74	30	街坊
	75	20	街坊
	76	20	街坊
	77	20	街坊
	78	20	街坊
	79	30	街坊
	80	20	街坊
	81	50	街坊
	82	20	街坊
	83	20	街坊
	84	20	街坊
	85	20	街坊

续表

类型	序号	金额(元)	关系
街坊	86	30	街坊
	87	20	街坊
	88	20	街坊
	89	20	街坊
	90	20	街坊
	91	20	街坊
	92	30	街坊
	93	20	街坊
	94	20	街坊
	95	20	街坊
	96	20	街坊
	97	20	街坊
	98	20	街坊
	99	20	街坊
	100	20	街坊
	101	20	街坊
	102	20	街坊
	103	20	街坊
	104	20	街坊
	105	20	街坊
	106	20	街坊
	107	20	街坊
	108	30	街坊
	109	30	街坊
	110	20	街坊
	111	30	街坊
	112	20	街坊

续表

类型	序号	金额(元)	关系
街坊	113	20	街坊
	114	50	街坊
	115	50	街坊
	116	50	街坊
	117	20	街坊
	118	30	街坊
	119	20	街坊
	120	20	街坊
	121	10	街坊
	122	20	街坊
	123	10	街坊
	124	10	街坊
	125	20	街坊
	126	20	街坊
	127	20	街坊
	128	30	街坊
	129	20	街坊
	130	20	街坊
	131	20	街坊
	132	20	街坊
	133	20	街坊
	134	50	街坊
	135	30	街坊
	136	30	街坊
	137	20	街坊
	138	20	街坊
	139	20	街坊

续表

类型	序号	金额(元)	关系
街坊	140	20	街坊
	141	20	街坊
	142	20	街坊
	143	20	街坊
	144	20	街坊
	145	20	街坊
	146	20	街坊
	147	20	街坊
	148	20	街坊
	149	20	街坊
	150	20	街坊
	151	10	街坊
	152	20	街坊
	153	20	街坊
	154	20	街坊
	155	20	街坊
	156	20	街坊
	157	20	街坊
	158	20	街坊
	159	20	街坊
	160	20	街坊
	161	20	街坊
	162	20	街坊
	163	20	街坊
	164	30	街坊
	165	20	街坊
	166	20	街坊

续表

类型	序号	金额(元)	关系
街坊	167	20	街坊
	168	20	街坊
	169	20	街坊
	170	20	街坊
	171	20	街坊
	172	20	街坊
	173	20	街坊
	174	20	街坊
	175	20	街坊
	176	20	街坊
	177	20	街坊
	178	20	街坊
	179	20	街坊
	180	20	街坊
	181	20	街坊
	182	20	街坊
	183	30	街坊
	184	10	街坊
	185	25	街坊
	186	25	街坊
	187	20	街坊
	188	20	街坊
	189	20	街坊
	190	20	街坊
	191	20	街坊
	192	20	街坊
	193	20	街坊

续表

类型	序号	金额(元)	关系
街坊	194	20	街坊
	195	20	街坊
	196	10	街坊
	197	20	街坊
	198	20	街坊
	199	20	街坊
	200	30	街坊
	201	20	街坊
朋友或同事	202	50	儿子同事
	203	200	父亲的徒弟
	204	300	父亲的徒弟
	205	50	儿子同事
	206	50	儿子同事
	207	100	同事
	208	50	同事
	209	50	同事
	210	50	同事
	211	50	同事
	212	50	同事
	213	50	同事
	214	50	同事
	215	50	同事
	216	50	同事
	217	30	同事
	218	30	同事
	219	30	同事
	220	30	同事

续表

朋友或同事	221	30	同事
	222	50	儿子同事
	223	50	儿子生意伙伴
	224	50	父亲朋友
	225	50	父亲朋友
	226	100	朋友

三、相关碑刻

(一)清同治三年(1864 年)章丘县修筑长城岭石墙记

候补知府署济南府知府大兴吴载勋撰文

同知衔济南府章丘县知县中牟舱景长书丹

今夫保界之术，非地利不足以言守，非人和不足与为守也。章丘之南有长城岭焉，即古所称长城矩防，足以为塞者也。其城之在章境者，右界天罗顶，左趋劈林尖，绵亘周折，随岭起伏，章之南若屏焉。呜乎！其可谓地利也已。辛酉春，皖寇入东境，扰及于莱芜，章之人相与守此岭以御之，贼不得入。然古墙已坏，基址仅存。寇既退，遂请于邑宰而修之。垒石筑土，高高下下，凡山径之可以出入非常者，皆墙而堵之。自仲夏迄仲秋，三阅月而工始竣，谋既佥同，成资众志，呜呼，其亦可谓人和也已。是役也，邑宰陈君为之倡率，而绅耆等分董其事，财输甲户，力效子来，暑雨栖栖，虽劳无怨，固足见章人风俗之厚。而董事诸君提纲挈领，图度经营，遂以保障全境，贻庥永久。诚所谓日患豫防一劳永逸者矣。矧夫长城之起也，西自榆山，东渐海表，索带各邑，千有余里。各邑之民皆弃其险而不守，因而皖寇遂得狼奔豕突，肆掠而去。而章之士民独有志于设防扼险，力保身家，非因乎人和，恃乎地利，何以能此？以视乎流离颠沛转徙四方者，相去何如也。

独是今天子体元立极，四海维新弄兵，潢池之徒行且翕然嚮化。而章之人方皇皇然曰：修我垣墉，寇将至，不且讶为多事乎？然而先王之教民也，惰

者策之，恐其逸而忘劳也，昏者惕之，恐其安而忘危也。《绵》之诗曰：捄之陾陾，度之薨薨；筑之登登，削屡冯冯；百堵皆兴，鼛鼓弗胜。盖言勤也。《鸱鸮》之诗曰：迨天之未阴雨，彻彼桑土，绸缪牖户，今此下民，或敢侮予。盖言豫也，章之士民有焉？

（各段分工和捐款名录从略）

大清同治三年岁在甲子九月吉日补立

查南去山口凡十余处，而此处最为通衢，工程亦最巨。其余若鲁地、胡多、罗岭、狼虎岭、燕窝子、天门关等处，各有承修村庄，一律完整。是举也，自章城以南广袤数十里，皆与其事焉，捐资出力，罔不踊跃。若以力抵资，相准核计，所费奚啻巨万。厥后南贼屡次觊觎，终不敢入，而章人凭城以守，尤易为力。乃知此城之修，其所保全者大矣。虽章人好义，亦邑令陈侯有以作兴之也。陈侯劳心民事德政甚多，此其一端云。

同治甲子九月李恩跋记

(二)1925年西坡道碑

盖筑提成梁以防水行，平治道途以便步履者，仁人立志之美意，古今之善事也。村之西南旧有依山古径，地崎岖举趾难行，父老昆弟循途载道者，无不触目感慨。岁在乙丑暮春之初，刘(君)爱领袖修捕，欲化险为夷，而一乡老幼俱以欣然乐从。无何规模费筹备犹难，计之以按地出资，论地播夫洎乎补苴。未久盘桓，由是路高低以治平，数月之间告厥成功。语云：为山九仞，功不止于一篑者。其乃有志竟成之谓也。爰泐于石永垂不朽云。

（施财善人名录从略）

中华民国十四岁次乙丑孟冬月吉立

(三)明万历二十五年(1597年)长泰桥碑

兹庄四封界隅，南距莱邑九十里，北至章城八十里。门闬居处亦云遐且辟矣，然而其民颛蒙，其俗有古先仁厚之风。所谓□□□□地而生非于粤稽。皇明开基以来，迄今二百余年，至此间路甚崎岖。业已修长城南北而为坦夷矣。□庄中有石河□值下，如遇河水泛滥，致使南北道路阻隔，□□□□望洋之叹。今有本庄长者王廷付躬孤茕，而心素善，语庄中父老曰:善□□□□桥□□□□一□以便两街可乎?象皆唯唯,□□□以为托诸空言。既一兴作于春□,告□□孟夏,不逾□□□□□□□。新□至于斯者□不称便□□□焉。远□此桥□□成,一人处心□□□,数众家家施财出资□诉起也。况兼□化缘助□之,各得其人乎。或者□□□□□将来视□□□至者,为也而□不然盖有□□善。为善不诚皇天□□惟德是与,苟济人□□□恶,恶本于是□,故念必讫□□□□□百□□故钱斗菜是亦。□圣事结良缘,广积阴德,于神□□而答□之者□也。好善无彩假□□□事以形其□,譬如风行无□触之草木□有声,人顾处必积宪。汉□□曰:勿以善小而不为,勿以恶小而为之。宋古又曰□□石□大□□此左券也。□本庄□□□□彰众家善信,纪□□周廷辅寺创桥,利行□风□□□□□□□心觊而□西舍□为敢私□云。

(施财工力善人名录从略)

万历二十五岁次□□　吉旦　领袖善人勒石

(四)清道光十二年(1832年)重修长泰桥碑记

粤稽舟车之利创自轩皇,疏浚之功成由伯益。九河既疏,可通南北之商贾,百川河流,犹阂东西之往来,故徒杠兴梁桥也。若章邑大寨庄者,道贯南北两京路,达远近十省,商贾接踵而至,车马蚁行而来,虽非递邮传命之驿路,亦是四通,间巨河横流。每值夏秋之际,阴雨连绵,地泉涌,众溪水来归,奔腾泛滥,行人阻隔两岸,驭马运车者恨无两翼之可奋足亦难跃,此长泰桥之所始建也。然此桥之建不知创自何年,考诸碑记一云大明万历二十五年,一云本朝乾隆三十二年。迄今历年久远,为车马损坏,本庄善士不忍坐视倾颓,邀请近村贵官长者仁人君子共捐资财,成盛事兴工于□□□年冬,大桥焕然一新,兼铺石路五百余尺,告厥成功,勒石为记,以永垂不朽云。

锦州处士李永成撰文

屏山后学张距书丹

(首事与施财善人名录从略)

皇清道光十二年岁在壬辰孟冬吉立

(五)南街碑记

大　清

盖闻杭州之堤白公是号广陵之埭召伯以名，凡兹营造古人大抵然也。吾村有孙公盛德者，乐善好施，于癸巳岁路工捐钱五十贯。又以村之南街道路崎岖，兼之值阴雨多泥泞，来往轮蹄则窘甚，目击心伤，不忍坐视，复捐钱一百余贯，铺石两行，易为荡平，益虽及于本村，而功实便于行人也，故略疏短引，勒诸贞珉，所以表扬善行也夫。

首事　王庆德　孙成德　王源兴　黄道传

邑庠生　黄书绅　撰文

业儒　孙道芳　丹书

石工　刘刚亭　满会兰

光绪岁次乙未重阳月中浣吉立

(六)清乾隆八年(1743 年)七圣庙新塑神像碑记

神之功德昭昭也，故纪于书垂禋望，是故有其举之莫或敢废盖圣人神道□□立也。大寨于章为南陲之咽喉路，居人朴□□。年殳老相与言曰：神而非人，神固无依人□□也。迄今乾隆八年甲旬舟遍矣，而像犹未□□，安能奉神于无像哉！且夫慈悲如大士，孝□□，维世风，扶人心持治道上，之则与日月星□□，知人心之悚动，当复何如他。如增平二福□□而切切于心，不忍辜其德，不敢　其报孝□□且自是而后入庙，而拜人发恺恻忠孝之□□体而后生正德，其和风古胥于七圣堂之□□年而语哉！故为之记对扬神庥勒诸贞珉□□。

郡庠生　李尔杰　董□□

领袖人　张士元　王□□　李志瑞(天文生)　陈□□

清乾隆八年岁次癸亥孟冬吉旦

(施财力善人从略)

(七)清嘉庆十七年(1812 年)七聖堂施地碑记

盖闻神依民而立，民依神而庇。凡神之有……观音大士者慈悲为念，随处显身，宝筏渡迷津，世界三千遐迩。圣帝君与天地□□乾□坤，贞凛凛阳刚圣气，成仁取我休休。孔孟……平二福济人利□，赐无穷之福祉。牛王□土地捍灾御患贶千古……咸被洪荡之深恩，悉兴仰答之。处……诚或献请供，或掛神袍，殿上之灯烛长明，炉……舍地亩者，同里居民不忍泯其功德，勒石为记以水唯不朽云。

后学李水茂撰文

漏西处士趙永玉书丹

业儒陈毓俊撰额

嘉庆十七年岁次壬申荷月上浣合庄公立

石匠　孙永□　王永□

（施财善人名录从略）

（八）重修镇武阁碑记

辛酉顺天举人前署商河县教谕张玉荣撰并书

元武水神也。记曰，其神元冥，盖少皞氏子。而镇武何以传说者，曰净乐国王之善胜皇后梦吞日有娠，开皇元年三日诞于宫。生而神灵，长技益勇猛，功成果满，上帝勅镇坎方。曾于七日内收断天下妖魔，拔济群生，故世肃。以亦祭法能御大灾，则祀之意也。是村筑阁以奉，其阁创于前明嘉靖三十四年万历间，庙曾重为修葺，迄今三百，庙既暗淡，阁亦颓倾，父老谋新之。卜于癸酉二月吉日兴工，至五月阁落成，庙修于甲戌三月至十月工峻。共费钱六十余贯。阁坚庙前面用甓余，则易甓以石其螭头欀桷，亦各如制，而披发仗剑之威容更显赫焉。仍颂其皈命礼，壬癸灵神金厥化身，威镇乾坤北方第一尊。

（首事人、施财力人名录从略）

光绪元年乙亥七月吉日立

后记

大寨村是我撰写博士学位论文时调查的村落。2014～2015年间,我在村中进行了8个月的田野调查,在村支书的支持和帮助下考察和记录下了村子的地理、人文、经济、风俗习惯等。并在调查的基础上,完成了博士学位论文的写作。大概是出于对我和大寨村之间特殊缘分的考虑,振华兄给我打来了电话,并向我转达了张士闪教授的提议,让我写一本大寨村的村落民族志,作为《山东村落田野研究丛书》之一本。经过一番考虑之后,我欣然领命。

当动笔写作之后,我才发现自己对大寨村的了解还远远不足。虽然我在村中进行了长期的调查,但是我研究问题过于聚焦,对自己研究主题之外的其他内容了解地并不系统。因此,在写作过程中《大寨村志》给我提供了丰富的资料基础。

不同于博士论文的写作,本书主要是对大寨村作一个基本的介绍。因此本书的写作对其他学术研究的援引并不多,而是仅仅呈现大寨村不同方面的基本情况。

这本小书得以完成,主要得益于许多人的帮助。本人在硕士和博士阶段能够有幸师从赵旭东教授学习人类学,得以逐步进入人类学的奥堂。在博士论文写作期间赵老师对我的调查和写作进行了悉心的指导,费心费力。赵老师治学勤奋严谨,但愿我在以后的工作中能够达到赵老师哪怕一半的勤奋程度,做出些许的成绩,也就算不辜负恩师的栽培了。从博士论文到本书的写作,大寨村的孙继昌书记以及村民张福成、张允兴、李金海、陈正茂都给我提供了大量的帮助。当然,帮助我的村民还有许多人,在此无法一一罗

列，在此一并致谢。我的同事田阡教授、郭凌燕博士在写作过程中给了我许多鼓励，让我在繁忙的工作中能保持着愉快的心情。邓礼仪、包思扬、杨天、伍燕、秦媛等同学在本书写作过程中帮助我做了一些基础性工作，在此也表示衷心感谢。还要特别感谢山东大学的张士闪教授的抬爱，将本书作为《山东村落田野研究丛书》之一，这对我本人以及大寨村都是一种莫大的鼓舞。

由于时间仓促，本人对本书的写作并不是非常满意，自己觉得书中尚有许多有待改进和打磨的地方。若有机会，我希望能够慢条斯理地再为大寨村写一本书，以尽到我作为一名大寨村"荣誉村民"的职责。

付来友

2017 年 9 月

图书在版编目(CIP)数据

大寨村/付来友著.—济南:山东大学出版社,
2017.12

(山东村落田野研究丛书/张士闪,李松总主编)

ISBN 978-7-5607-5916-6

Ⅰ.①大… Ⅱ.①付… Ⅲ.①村史—章丘
Ⅳ.①K295.25

中国版本图书馆 CIP 数据核字(2017)第 328714 号

责任策划:傅 侃
责任编辑:张申华
装帧设计:牛 钧

出版发行:山东大学出版社
　　社　址　山东省济南市山大南路 20 号
　　邮　编　250100
　　电　话　市场部(0531)88363008
经　销:山东省新华书店
印　刷:山东华鑫天成印刷有限公司
规　格:720 毫米×1000 毫米 1/16
　　10.75 印张 165 千字
版　次:2017 年 12 月第 1 版
印　次:2017 年 12 月第 1 次印刷
定　价:40.00 元